现代财务管理研究新视野

胡翔群　著

中国原子能出版社

图书在版编目（CIP）数据

现代财务管理研究新视野 / 胡翔群著. -- 北京 : 中国原子能出版社, 2024. 11. -- ISBN 978-7-5221-3884-8

Ⅰ. F275

中国国家版本馆 CIP 数据核字第 2024VE1370 号

现代财务管理研究新视野

出版发行　中国原子能出版社（北京市海淀区阜成路 43 号　100048）
责任编辑　陈　喆
责任印制　赵　明
印　　刷　北京天恒嘉业印刷有限公司
经　　销　全国新华书店
开　　本　787 mm×1092 mm　1/16
印　　张　11.125
字　　数　158 千字
版　　次　2024 年 11 月第 1 版　2024 年 11 月第 1 次印刷
书　　号　ISBN 978-7-5221-3884-8　　定　价　**66.00** 元

网址：**http://www.aep.com.cn**　　E-mail：**atomep123@126.com**
发行电话：**010-88828678**

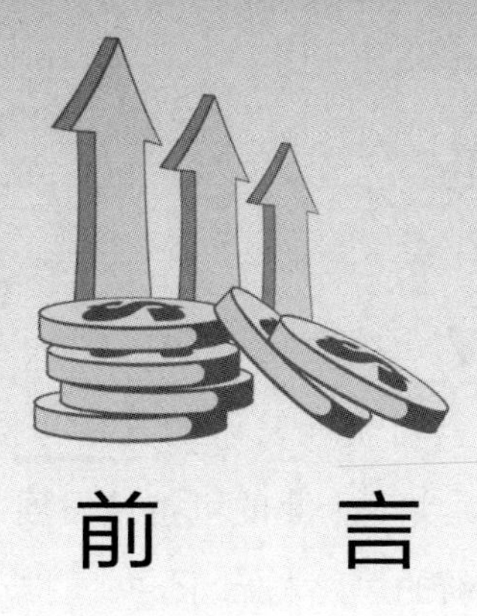

前　言

随着市场环境日趋复杂多变，企业间的竞争愈发激烈，加上数智技术不断涌现，财务管理的传统理念、方法与实践正面临前所未有的冲击与挑战。在这一时代背景下，财务管理已不再局限于简单的资金收支记录，而是逐渐成为企业战略决策的关键支撑。近年来，财务管理在企业管理中的核心地位日益凸显。它不仅确保企业资金高效运作，更成为影响企业长远发展与可持续竞争力的核心要素。面对快速变化的市场环境与激烈的竞争态势，财务管理必须不断创新与变革，以更科学、高效、智能的方式，为企业的战略规划与决策提供有力支持。

本书致力于系统梳理与探讨财务管理的理论与实践，内容涵盖财务管理的多个方面。第一章从财务管理的基本理论出发，深入剖析财务管理的概念、目标、原则与职能，以及影响财务管理的环境因素，为后续章节奠定坚实的理论基础。第二章聚焦于财务管理中的资金运作，探讨筹资管理、项目投资管理、营运资金管理的优化策略与发展措施。第三章则对财务管理的常用方法进行解读，包括财务预测、财务预算、财务分析等，旨在提升财务管理的科学性与有效性。第四章至第六章则分别聚焦于财务风险管理与预警机制、数智技术赋能财务管理创新、财务共享及其服务中心建设等前沿议题。这些章节不仅揭示了财务管理面临的新挑战与机遇，更提出了切实可行的解决方案与实践路径。通过本书的系统研究，期望能够为广大财务管理者、研究者及从业者提供理论指导与实践参考，助力他们更好地应对财务管理的挑战，把握财务管理的未来趋势。

财务管理的价值在于其对企业发展的支撑与推动，只有不断创新与变革，才能适应时代的需求，实现企业的可持续发展。希望本书能够为现代财务管理的研究与实践提供新的思路与启示，共同推动财务管理领域的进步与发展，为企业的繁荣与社会的繁荣贡献智慧与力量。同时，我们也期待与广大读者共同探索财务管理的未来之路，携手共创财务管理的新篇章。

目 录

第一章　财务管理的基本理论分析

财务管理作为企业经营管理的核心，其理论体系的完善与实践应用的深化对于提升企业竞争力至关重要。本章旨在奠定全书基础，深入剖析财务管理的内涵与目标，明确其原则与职能，并探讨外部环境对财务管理的影响，以及财务管理的价值观念。

第一节　财务管理的概念及其目标

一、财务管理概念的理解

财务管理是指依据既定原则，采纳特定量化分析手段，侧重于价值量的维度，来系统规划并调控企业的财务运作，以及妥善处理与之相关的各种财务关系，构成了企业整体管理框架中不可或缺的一部分。

为准确把握财务管理的概念，需要先了解企业所从事的财务活动以及由此而产生的财务关系。

（一）企业从事的财务活动

企业财务活动是指围绕现金收支为核心的企业资本运动的全过程概括，

它综合反映了企业生产经营活动的经济实质与运作轨迹。具体而言，这一活动涵盖了资金的筹集、投放、使用、收回和分配等多个环节，通过资金的流入与流出来直观体现，构成了企业资金运动的完整循环。

企业的财务活动主要包括以下四个方面。

1. 筹资活动

在商品经济体系下，任何经济实体欲开展生产经营活动，其先决条件在于必须持有充足且可自由支配的资金。企业为获取这些资金及其后续管理、运用所展开的一系列经济活动，统称为企业的筹资活动。这一过程具体展现为两个核心方面：首先，企业通过发行股票、债券或吸收直接投资等手段筹集资本时，会促使资金向企业内流入，此阶段被视作资金的流入环节。其次，企业在筹资过程中需承担各类筹资成本，如向股东派发股利、向债权人支付利息以及到期清偿债务本金等，这些都会导致资金从企业流出，构成资金的流出环节。综上所述，因筹集资金而直接引发的各类资金流入与流出活动，共同构成了企业的筹资活动。

2. 投资活动

筹集大量资金并非企业运营的最终目标，而仅是实现企业发展战略的初始步骤。企业成功筹资后，其核心任务在于如何高效、合理地配置这些资金，以最大化经济效益，进而提升企业整体价值。资金的运用主要涵盖两大维度：一是将资金投向长期资产，此类活动被称为投资活动，旨在通过长期布局获取稳定回报；二是将资金用于短期资产的周转，此即资金营运活动，侧重于通过高效的流动资产管理来优化企业日常运营。两者共同构成了企业资金运用的完整框架。

企业的投资活动可细分为广义与狭义两个层面。狭义上的投资活动特指企业的对外投资活动，主要涵盖对外股权性投资与债权性投资两大类别。而广义上的投资活动则是一个更为宽泛的概念，它不仅包含了对外投资，还囊

括了对内投资，如对内进行的固定资产投资、无形资产投资等。具体而言，当企业利用筹集到的资金购置各类长期资产或有价证券时，会导致资金从企业流出；相反，当企业处置长期资产或转让有价证券以回收投资时，则会引起资金向企业的流入。这一系列因资金投放与回收而引发的资金流动活动，即构成了企业投资活动的核心内容。

企业筹资与投资活动之间存在着紧密且不可分割的联系，它们相互依存、辩证统一。筹资活动作为投资活动的先决条件，为后者提供了必要的资金基础，缺乏筹资活动，投资活动便如同无源之水，难以维系。而投资活动则是筹资活动的最终目标与归宿，它确保了筹资活动所能带来的经济效益得以实现，若缺乏投资活动的有效支撑，筹资活动将丧失其实际价值，沦为一种不经济的行为。

3. 资金营运活动

企业短期资金的周转是与其日常生产经营活动紧密相连、相辅相成的。在这一过程中，企业首先需运用资金购置原材料，并通过工人的劳动加工将这些原材料转化为可售商品。与此同时，企业还需支付工人的劳务报酬以及各类期间费用，如管理费用、销售费用等。当企业以资金来偿付这些原材料、人工及其他费用时，会导致资金从企业流出。随后，通过商品的销售与货款的结算，企业得以实现资金的回收，从而有资金流入企业。此外，在企业日常运营中，若遭遇临时性资金短缺，无法完全满足经营所需开支时，企业还可通过借入短期债务的方式来筹集所需的流动资金，这同样也会导致资金的流入。综上所述，企业因日常生产经营活动而引发的这一系列资金流出与流入的活动，即构成了企业的资金营运活动。

4. 利润分配活动

企业在其运营过程中，不仅会通过日常经营活动获取利润，还可能通过对外进行的各类投资活动获得额外的投资收益，这标志着企业资金实现了增值或获取了投资回报。对于这些利润，企业必须遵循既定的程序进行合理分配。首先，企业需依据国家税法规定依法缴纳税款；其次，利润将用于弥补企业以往的亏损，并按规定提取盈余公积金和公益金，以增强企业的财务稳健性和社会责任感；最后，企业会根据投资者的权益比例向其分配剩余的利润。这一系列因利润实现及其后续分配所引发的资金流动活动，即构成了企业的利润分配活动，它是企业财务管理中不可或缺的重要环节。

上述四项财务活动并非孤立、互不相关的，而是相互依存、相互制约的。正是上述相互联系又有一定区别的四个方面，构成了完整的企业财务活动，这四个方面也就是财务管理的基本内容。

（二）企业财务关系

企业财务关系是指在企业组织和实施财务活动的过程中，与各方利益相关者之间所形成的经济利益联结与互动。当企业开展筹资、投资、资金营运以及利润分配等各项财务活动时，由于交易各方在经济活动中的角色、地位差异，导致他们各自所享有的权利、所承担的义务以及所追求的经济利益各不相同，进而形成了多样化、特色鲜明且性质各异的财务关系，大体可以概括为以下几个方面。

一是企业与投资者之间的财务关系。企业接纳投资者的资金投入，由此形成了企业的主权资本，也即企业的自有资金。随后，企业会根据既定的分配原则，从税后利润中划拨一部分给投资者，作为对其投资行为的回报。投资者将资金注入企业，便获取了企业资产的所有权，进而参与到企业的生产经营活动之中，并有权依据其所持有的权益比例，从企业的税后利润中分得相应的投资收益。因此，企业与投资者之间的财务关系，本质上体现为一种基于所有权性质的经营权与所有权的关系，也可以理解为所有权层面上的受资方与投资方的关系。

二是企业与被投资者之间的财务关系。在企业运营过程中，往往会产生

部分暂时闲置、未直接参与生产流程的资金。企业可将这部分资金投资于其他企业，形成对外股权性投资，以实现资金的增值。随着全球经济一体化的不断推进和企业间合作的日益加强，企业间资金的横向流动变得愈发频繁。在进行对外投资时，企业必须严格按照合同或协议的规定，按时、足额地完成出资，从而获取相应的股份，并有权参与被投资企业的利润分配。而被投资企业在接受投资后，则需根据税后利润及既定的分配方案，将收益在各投资者之间进行合理分配。因此，企业与被投资对象之间的财务关系，实质上是一种基于所有权性质的投资与受资关系，体现了资金在不同企业间的流动与回报。

三是企业与债权人之间的财务关系。企业在运营过程中，可能会通过向债权人借款的方式筹集资金，这部分资金构成了企业的债务资本。根据借款协议或合同的约定，企业需按时向债权人支付利息，作为对债权人提供资金的回报，并在借款到期时偿还本金。债权人则依据合同规定，将资金借予企业，从而成为企业的债权人，并享有按约定收取利息及本金回收的权利。与投资者不同的是，债权人的回报来源于企业的税前利润，而投资者的回报则来自税后利润，且具体数额并非在投资时确定，而是取决于企业税后的盈利状况及利润分配政策。因此，企业与债权人之间建立的是一种债务与债权性质的财务关系。

四是企业与债务人之间的财务关系。企业在资金筹措的过程中，不仅扮演着借款者的角色，从债权人处融入资金以支持自身运营，同时也可作为资金提供者，通过购买债券、直接提供借款或依托商业信用等方式，将资金出借给其他相关经济实体。在此情境下，企业作为债权人，有权要求债务人依据事先约定的条件，按时足额还本付息。这种基于资金借贷行为而形成的经济联系，即构成了企业与这些利益相关群体间的债权与债务关系。

五是企业与内部职工之间的财务关系。企业与职工之间，通过签订劳务合同的方式，建立起了一种特定的财务关系。在这种关系中，企业作为雇主，接受职工提供的劳动服务，并依据企业的经营状况及职工的工作表现，按照既定的标准向职工支付包括工资、奖金、津贴以及各类社会保险（如养老保险、失业保险、医疗保险）和住房公积金等在内的劳动报酬。此外，为了促进企业的长期发展及职工个人能力的提升，企业还可能为职工提供学习、培训等职业发展机会，以期通过提高职工的专业技能和管理水平，为企业创造更为丰富的经济效益。而职工则依据合同的约定，向企业提供劳务服务，并据此索取相应的劳务报酬。这种企业与职工之间的财务往来，实质上体现了一种基于劳动成果分配原则的财务关系。

六是企业内部各单位、各部门之间的财务关系。在企业生产经营的复杂体系中，各单位、各部门依据其独特的环节、职能与分工，承担着不同的任务与责任。当企业推行内部经济核算制与经营责任制时，这些内部单位与部门便拥有了相对独立的资金定额或可自主支配的费用限额。在内部交易过程中，如各单位、部门间相互提供产品、劳务时，需对交易对象——无论是劳务还是产品——进行明确的计价与结算。此外，它们与企业财务部门之间还频繁发生着借款、报销、代收、代付等多种经济活动。由此，企业内部各单位、部门间便构建起了一种特定的财务关系，这种关系本质上属于企业内部的资金结算关系，深刻反映了各单位、部门间的经济利益格局与分配机制。

七是企业与税务机关之间的财务关系。企业在开展生产经营活动的过程中，所取得的各项收入均需依据税法的相关规定，依法履行纳税义务，这一过程中便自然而然地与国家税务机关形成了财务关系。作为社会经济的细胞，企业依法纳税不仅是其应尽的义务，更是保障国家财政收入、满足社会公共需求的重要途径。因此，企业与国家税务机关之间的财务关系，实质上是一种基于税收法律框架下的权利与义务关系，即企业在精心规划税收战略、确保合法合规的前提下，依法履行纳税义务；而税务机关则依法对企业的纳税行为进行监管与征收，确保税收政策的顺利实施与税款的及时入库。

二、财务管理的目标分析

由系统论可知，正确的目标是系统良性循环的前提条件，企业财务管理的目标对企业管理系统的运行也具有同样的意义。为此，应首先明确财务管理的目标。

（一）财务管理目标的特征

企业财务管理目标，作为企业管理对财务工作所设定的具体要求与期望达成成果的集中体现，是企业在理财实践中力求实现的核心宗旨。它根植于特定的理财环境之中，通过精心组织与高效处理各项财务活动及关系，旨在达成既定的管理目的。此目标不仅是评判财务管理成效的最终标尺，更是引导企业财务决策与行动的风向标。

企业财务管理目标呈现图 1-1 所示的特征。

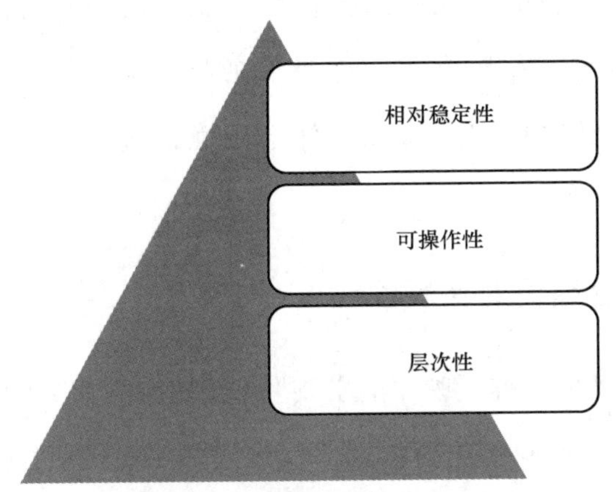

图 1-1　财务管理目标的特征

第一，相对稳定性。尽管宏观经济体制与企业经营模式的变迁，以及人们认知的不断深化，均可能对财务管理目标产生一定影响，促使其适时调整。然而，这些变化往往是渐进式的，需累积至一定阶段方会引发质的飞跃；同时，新的认知观念也需经历一个由提出、讨论到广泛接受的共识形成过程。

因此，作为对客观经济规律深刻理解的产物，财务管理目标在总体上保持了相对的稳定性，为企业提供了持续稳定的财务导向。

第二，可操作性。作为实施财务目标管理的前提，财务管理目标需具备强大的组织动员力，能够成为制定具体经济指标、进行任务分解、激发员工自我控制潜能及开展科学绩效考评的重要依据。这就要求财务管理目标必须具备可计量性、可追溯性与可控制性，以确保其在实践中的有效应用与落地。

第三，层次性。作为企业财务管理系统的核心要素，财务管理目标本身亦构成了一个复杂而有序的系统。各类理财目标相互交织，形成了一个紧密相连的网络，深刻揭示了各目标间的内在联系与逻辑层次。这种层次性的存在，源于企业财务管理内容与方法的多样性以及它们之间错综复杂的相互关系，为财务管理工作的有序开展提供了清晰的框架与路径。

值得注意的是，由于企业所处的宏观经济环境各异、管理目标的衡量标准不一以及管理价值取向的多样性，企业财务管理目标也相应地展现出了丰富多样的内容与形式。这要求企业在制定与实施财务管理目标时，必须充分考虑自身实际情况与外部环境因素，以确保目标的科学性与有效性。

（二）财务管理民的代表性观点

不同的财务管理目标反映了企业对价值创造、利益分配及长远发展的不同理解和追求。以下列举了几种具有代表性的财务管理目标观点，它们各自侧重点不同。

1. 以利润最大化为目标

利润最大化原则，作为西方微观经济学的理论基础，长久以来被西方经济学家视为剖析与评价企业运营行为与成效的核心标准。该理论立足

于这样一个核心观点：利润，作为企业新创价值的直接体现，其数量的增长直接映射了企业价值积累的程度，进而成为衡量企业管理目标实现程度的重要指标。

将“利润最大化”设定为财务管理目标，其背后的逻辑支撑主要体现在以下几个方面：第一，从宏观经济视角审视，人类社会的生产经营活动终归是为了创造更多财富，以满足消费者日益增长的物质文化需求。在此过程中，利润额作为衡量剩余产品价值量的关键指标，其重要性不言而喻。第二，在自由竞争的市场机制下，资本总是流向那些使用效率最高、盈利能力最强的企业，这既是市场选择的结果，也是利润最大化原则在资源配置中的具体体现。第三，利润不仅是企业自我积累、自我发展的基石，更是其扩大生产规模、提升市场竞争力的关键资金来源。因此，在一定条件下，将利润最大化作为企业财务管理的核心目标，对于推动社会经济发展、实现企业战略目标具有不可忽视的积极意义。

然而，在实际运用中，“利润最大化”这一目标显现出了诸多局限性。

首先，它未能充分考量利润实现的时间维度，即忽视了项目收益的时间价值。以 A、B 两个投资项目为例，虽然它们均带来了 10 万元的利润，但若不纳入时间因素进行考量，便难以准确评判哪一个项目更符合企业的长远规划。具体而言，若 A 项目的 10 万元利润是去年已实现的，而 B 项目的则是今年新获，显然，在同等现金流入的条件下，A 项目因获利时间较早而更具价值。

其次，利润最大化目标忽略了风险因素的影响。通常，高风险与投资高回报并存，若一味追求利润最大化，可能会诱使企业选择高风险的投资项目，或是过度依赖借贷资金，从而显著增加企业的经营与财务风险。

最后，此目标还未能妥善处理利润与投入资本之间的关联。单纯追求利润最大化，可能导致企业在决策过程中过分关注短期利益，而忽视长远发展。

这种“短视”行为，虽能暂时提升企业的短期利润，但却可能以牺牲企业的长期发展为代价，不利于企业的可持续成长。

2. 以每股收益最大化为目标

以每股收益最大化为目标的观点认为：在企业运营实践中，资金作为一种稀缺的经济资源，其高效配置与利用对于提升企业整体绩效至关重要。因此，在理财策略的制定与执行过程中，应着重关注资金运营的效率与效果，通过将企业实现的利润与股东投入的资本紧密挂钩，进而提出了“每股收益最大化”的财务管理目标。这一目标相较于传统的“利润最大化”而言，的一大进步在于它纳入了所得与所费的比例关系，凸显了资金使用的效率性。

然而，尽管“每股收益最大化”目标在某些方面有所优化，但其自身仍存在着不容忽视的局限性。具体而言，该目标未能充分考虑资金的时间价值，即忽视了不同时间点上的资金流对企业价值的不同影响；同时，它也未能有效纳入风险考量，即在追求每股收益最大化的过程中可能忽视了伴随而来的高风险；此外，该目标同样难以规避决策过程中的“短视行为”，可能导致企业过于关注当前利益而牺牲长远发展。

3. 以股东财富最大化为目标

股东财富最大化原则，旨在通过高效的财务管理策略，实现股东利益的最大化。在股份经济体制下，股东的财富积累主要依赖于其持有的股票数量及这些股票在市场上的价格表现。值得注意的是，股票数量仅代表了股东初始投入资本的规模，并不能全面反映企业经营过程中为股东创造的增值。因此，股东财富最大化的实质，最终聚焦于股票价格的优化与提升。股票价格，作为投资市场对企业整体价值的客观评估，是衡量股

东财富增减的关键指标。它不仅体现了资本与盈利之间的动态关系，还深受每股盈余的直接影响，包括盈余的数额及其实现的时间节点。同时，股票价格也是企业风险状况的晴雨表，能够准确反映每股盈余所伴随的风险水平。综上所述，股东财富最大化原则通过股票价格这一综合指标，全面考量了资本效率、盈利能力及风险控制等多重维度，为财务管理实践提供了明确的导向与依据。

综上所述，“股东财富最大化”作为财务管理目标，与前两种传统目标相较，展现出了其独特的优势。首先，该目标概念界定明确，股东财富的增减可直接通过股票市场价格来量化评估，具有极高的可操作性。其次，它充分考虑了资金的时间价值，使得财务决策更加符合经济活动的动态特性。再次，风险因素被科学地纳入考量范畴，因为风险水平的高低将直接影响股票价格的波动，从而体现了对风险与收益权衡的重视。此外，股东财富最大化目标在一定程度上能够抑制企业的短期利润追求行为，因为它不仅关注当前利润，还强调了未来预期利润对股票价格的深远影响。最后，该目标易于量化，为绩效考核与奖惩机制的实施提供了便利。

然而，尽管“股东财富最大化”具有诸多优点，但其局限性同样不容忽视。首先，这一目标的适用性受限于企业的上市状态，对于非上市企业而言，由于缺乏公开的市场价格机制，难以直接应用。在中国当前的企业结构背景下，上市企业并非主流，因此，股东财富最大化作为财务管理目标的普遍适用性受到挑战。其次，该目标的有效实施依赖于金融市场的有效性，但在现实市场中，由于股权分散、信息不对称等问题，管理层可能出于自身利益考虑而做出损害股东利益的决策。最后，股票价格作为股东财富的衡量标准，其波动不仅受企业财务状况的影响，还受到宏观经济环境、市场情绪等多种非财务因素的干扰，因此可能无法准确反映企业的经营业绩。基于上述原因，“股东财富最大化”目标在理论界引发了广泛的讨论与质疑。

第二节 财务管理的原则与职能

一、财务管理的原则

在财务管理实践中，遵循科学的原则并明确管理目标十分重要。

（一）收益风险均衡原则

一旦参与市场竞争，无论哪种类型的财务活动都有可能遇到风险。比如说，企业没有获得预期的财务成果，等等。经济活动最直接的目的是获得收益，如果企业因为害怕遭遇风险，在面对市场竞争的时候一再退缩，那么只会在一次次冲击下变得越发虚弱，最终失去竞争的资格。其实，风险往往也意味着机遇，风险越大，收益越高。有些企业只顾追逐经济利益，却对可能出现的风险没有防范意识，这就违背了风险收益均衡原则。明智的做法是，企业在进行具体的财务活动之前，一定要先将这项活动实施过程中可能会遇到的种种风险考虑清楚，同时分析其收益性，按照风险收益均衡原则去制定行动方案，将风险降至最低。在实践过程中，为了获取更多利益，相关工作人员也要懂得趋利避害。

（二）利益关系协调原则

财务人员在进行财务管理时，会与各方面的经济利益产生密切而又复杂的关系。而一旦涉及经济利益，各方人员便可能会产生各种矛盾与纠纷，这时候便需引入利益关系协调原则。国家相关工作人员在财务管理过程中，应当协调好国家、投资者、债权人、经营者、劳动者的经济利益，保护各方的合法权益，而不能厚此薄彼，主观行事。同时，在企业内部，一旦各部门、各单位之间产生利益纠纷，就会大大拖累企业的运行

效率，阻碍企业发展的脚步。所以说，利益关系协调原则在企业内部依然适用。为了提高各部门、各单位工作人员的工作热情，并加深大家对企业文化的认同感，使其更有凝聚力，企业财务人员更要协调好各方关系，维护各方利益，努力平息各种经济纠纷。通过财务活动，便能实现企业内部和外部经济利益的调整。

在经济生活中，总是存在着这样几对矛盾：眼前利益和长远利益之间的矛盾、局部利益和全局利益之间的矛盾、个人利益和集体利益之间的矛盾。这些矛盾之间往往错综复杂、关系微妙，单纯只靠经济利益的调节，是很难彻底解决的。因此，在物质利益关系的时候，一定要加强个人的思想道德教育和政治领悟，提倡顾全全局利益、整体利益，防止本位主义、极端个人主义的出现。

（三）分级分权管理原则

在规模庞大、结构复杂的现代化企业中，财务活动的有效管理需遵循统一领导下的分级分权管理原则。这一原则，实质上是民主集中制管理理念在财务管理领域的具体实践。

统一领导下的分级分权管理，不仅强调专业管理的重要性，也充分融合了群众管理的元素。企业财务部门作为财务管理的专业机构，承担着核心管理职责；而供产销等部门，则在一定程度上体现了群众管理的特色。在实际操作中，厂部、车间层级通常配备有专职财务人员，以确保财务管理的专业性和连续性；而在班组、仓库等基层单位，则鼓励广大工人直接参与财务管理活动，从而实现财务管理的民主化。

此外，分级分权管理原则还蕴含着在财务管理中推行民主管理的深刻内涵，通过上下联动、全员参与，共同推动企业财务管理水平的提升。

（四）资金合理配置原则

企业财务管理，其核心在于对企业全部资金的有效管理。资金运用的结果，将直接转化为企业的各类物质资源，这些资源之间保持着一定的比例关系。所谓资金合理配置，即通过资金活动的精心组织和灵活调节，确保各项物质资源能够形成最优化的结构比例，从而支撑企业的持续、高效运营。

因此，资金合理配置不仅是企业财务管理的重要原则，更是企业实现长期稳定发展、提升经营效益的必由之路。

（五）收支积极平衡原则

保持各种资金存量的协调平衡是财务管理的重要内容之一，除此之外，财务人员还要格外关注资金流量的协调平衡等问题。

企业发生资金支出和取得资金收入，分别意味着一次资金循环的开始与终结，由此可知，资金周转的关键在于资金的收支。资金周转如果进行得不顺利，意味着某个环节一定违背了收支积极平衡原则。而收支积极平衡原则要求资金收支不仅要在一定期间总量上求得平衡，而且在每一个时点上协调平衡，这是资金循环过程得以周而复始进行的条件。

（六）成本效益原则

在企业财务管理的实践中，不仅要密切关注资金的静态存量与动态流量，更要深入探究资金的增值潜力，即资金的增量。资金的增量，本质上反映了企业通过营业活动或投资行为所实现的资本增值。因此，对于驱动资金增值的成本与潜在收益，必须进行细致入微的分析与权衡。成本效益原则，作为财务管理的核心理念，要求我们对经济活动中的投入与产出进行全面而深入的比较分析。它强调，在财务决策过程中，应充分考虑成本与收益之间的最优平衡，以确保企业能够实现盈利的最大化。

企业的一切成本支出与费用发生，其最终目的均在于获取相应的经济收益。因此，在财务决策的各个层面，我们都应严格遵循成本效益原则，进行周密的分析与评估。这一原则，因其科学性和实用性，已被广泛应用于企业

的各项财务活动中，成为指导财务管理实践的重要法则①。

二、财务管理的职能分析

财务管理的职能是指其职责和功能。财务管理作为企业管理的重要组成部分，其核心在于通过有效的资金运作和财务决策，支持企业的战略目标实现，优化资源配置，确保企业价值最大化。财务管理的职能广泛而深入，通常可以概括为以下几个主要方面。

其一，财务规划与预算。财务规划是企业长期发展战略的具体财务体现，它涉及对未来一段时间内（如一年、三年或五年）企业资金流动、投资、融资及利润分配等方面的预测与安排。通过制定详细的财务计划，企业能够明确发展目标，合理分配资源，并为实现这些目标设定具体的财务指标和路径。预算管理则是财务规划的具体实施，通过编制、执行和控制预算，确保企业各部门的活动都在预定的财务框架内进行，促进资源的有效配置和成本控制。

其二，资金管理。资金管理是财务管理的核心环节，包括现金管理、应收账款管理、应付账款管理以及短期投资与融资决策等。有效的资金管理旨在保持企业现金流的充足与稳定，提高资金使用效率，降低资金成本，避免财务危机。例如，通过合理安排收款与付款时间，优化现金持有量，利用商业信用或短期融资工具，可以有效提升企业的资金流动性。

其三，成本控制与财务分析。成本控制是通过一系列方法和技术，如标准成本制度、作业成本法等，监控、分析和降低企业生产经营过程中的成本支出，以提高盈利能力和市场竞争力。财务分析则是对企业的财务报表（如资产负债表、利润表、现金流量表）进行深入解读，运用比率分析、趋势分析等手段，评估企业的财务状况、经营效率和盈利能力，为管理层提供决策

① 黎精明，兰飞，石友蓉. 财务战略管理［M］. 北京：经济管理出版社，2014：38.

依据。成本控制与财务分析相结合，有助于企业发现成本节约的空间，优化资源配置，提升整体经营效益。

其四，投资决策。投资决策涉及企业长期资产的配置，包括对内投资（如购置设备、研发新产品）和对外投资（如购买股票、债券或参与并购）。财务管理的职能在于评估不同投资项目的风险与回报，运用净现值（NPV）、内部收益率（IRR）等财务指标，帮助企业做出最优的投资选择，以促进企业长期增长和价值创造。

其五，融资决策与资本结构管理。融资决策关注企业如何以最低的成本获取所需资金，包括股权融资（发行股票）、债务融资（银行贷款、发行债券）及混合融资等方式。资本结构管理则是关于如何平衡债务与股权的比例，以达到最优资本结构，既降低融资成本，又保持财务稳健性。合理的融资策略和资本结构有助于提升企业信用评级，增强投资者信心。

其六，风险管理。财务管理还包括识别和评估可能影响企业财务状况的各种风险，如市场风险、信用风险、流动性风险等，并制定相应的风险管理策略和措施。通过风险分散、对冲、保险等手段，企业可以有效降低潜在损失，保护股东利益。

其七，财务报告与信息披露。务管理还负责编制符合会计准则的财务报告，及时、准确地向内外部利益相关者（如股东、债权人、政府监管机构）披露企业的财务状况、经营成果和现金流量信息。这不仅有助于提升企业的透明度，也是建立企业信誉、吸引投资的关键。

综上所述，财务管理的职能是多维度的，它贯穿于企业运营的全过程，通过实施精细化的管理策略与提供决策支撑，财务管理为企业的长远发展和价值增值奠定了基础。伴随市场环境的动态变迁与企业需求的持续演进，财务管理的职能亦在不断革新与拓展，诸如数字化财务管理、可持续发展财务等新兴管理领域的涌现，极大地丰富了财务管理的理论体系与实践应用。

第三节　影响财务管理的环境分析

财务管理环境，也称作理财环境，是一个包容性的框架，它整合了对企业财务活动及其管理实践产生显著影响的所有内外部客观条件与多元要素。此环境由位于财务管理系统外部的全部相关系统所构成，它们以多样化的形式对财务管理施加影响，例如，国家的政治稳定性、经济发展的整体趋势、法律法规体系的完备性、企业所面临的市场竞争格局，以及企业自身的生产设施与运营条件等，均为财务管理环境的重要组成部分，并深刻影响着财务管理的效果与效率。

依据环境与企业之间的关联性质，财务管理环境可被进一步区分为企业外部环境与内部环境两个层面。企业外部环境主要涉及企业范畴之外的广泛因素，涵盖国家政治经济形势的波动、法律制度的更新迭代、市场需求的动态变化，以及国际财务管理环境的复杂演变等。这些因素的稳定性与成熟度，对财务活动的顺畅执行及理财策略的精准制定具有决定性影响。而企业内部财务管理环境，则聚焦于企业内部的微观结构，包括企业的生产运营效率、技术革新的能力、经营规模的扩张与收缩、资产结构的优化配置，以及生产经营的周期性波动等。这些内部要素不仅塑造了企业财务活动的独特面貌，还直接指引着财务决策的制定流程与最终抉择。因此，在财务管理的日常实践中，全面且深入地剖析内外部环境的特征与趋势，对于优化财务决策过程、提升财务管理水平具有不可或缺的重要作用。

下面将根据这种分类方式进行具体展开论述。

一、财务管理的外部环境

企业的外部环境是指企业外部影响财务活动的各种因素，有的属于宏观财务环境，如国家的经济环境、法律环境和文化环境；有的属于微观财务环境，如产品销售市场、原材料供应市场等。

以下重点探讨宏观环境的外部环境内容及其对企业财务管理的影响。

（一）经济环境

财务管理的经济环境是影响财务管理的一切经济因素的总和，一般包括经济管理体制、经济发展水平、经济周期、经济政策、通货膨胀和市场的完善有效性等。

1. 经济管理体制

经济管理体制是国家的基本经济制度，是在一定的社会制度下，经济关系的具体形式以及组织、管理和调节国民经济的体系、制度、方式、方法的总称。目前，世界上典型的经济管理体制有计划经济管理体制和市场经济管理体制两种类型。中国的经济管理体制已经基本实现了市场经济管理体制的变革。

市场经济管理体制的基本特征是：政府宏观管理与调控不再是配置资源的前提，配置资源的主体是市场，企业成为“自主经营、自负盈亏”的经济实体，有独立的经营权，同时也有独立的财权。企业可以根据自身发展的需要，确定合理的资本需求，然后选择合适的方式筹集资本，再把筹集到的资本投放到效益高的项目上，最后将收益根据需求进行分配，保证企业自始至终根据自身条件和外部环境变化做财务决策。

市场经济管理体制对企业财务管理工作的影响主要体现在：要求企业面向市场进行财务管理活动，而不是接受政府的行政命令；要求企业将利润最大化或企业价值最大化作为财务管理的目标，而不是完成国家下达的指标；企业自主进行筹资、投资和利润分配决策，国家不直接参与；企业主要通过市场进行预测和决策，而不是按照行政命令下达的财务计划进行财务管理；财务管理成为独立于企业生产经营的管理活动，企业财务部门可以独立完成筹资、投资和分配等活动。

2. 经济发展水平

不同国家的经济发展水平是不同的，市场的成熟度也存在差距。这些都会影响企业的财务管理活动。通常将处于不同经济发展阶段的国家分为发达国家、发展中国家和不发达国家三个群体。

发达国家的市场机制已比较成熟，在市场经济环境下已经积累了丰富的理论和实践经验，因此财务管理理论水平较高，管理活动创新能力很强，财务管理的方法和手段也非常科学、严密；发展中国家的现代商品经济相对起步较迟，市场经济发展水平不高，但发展中国家企业财务管理的内容和方法手段能够在学习发达国家先进理论的基础上快速更新，同时受政策影响显著，出现不是很稳定的特征；不发达国家经济发展水平低，企业经济活动内容简单，企业规模小，因而，无论在财务管理的内容、方法还是手段上都落后于发达国家和发展中国家。

3. 经济周期

经济周期是指在整个国民经济活动中所出现的由扩张到收缩的循环往复。这种循环往复呈现周期性波动特征，主要包括经济复苏阶段、经济繁荣阶段、经济衰退阶段和经济萧条阶段。这种起伏更替的周期波动直接影响几乎所有的产业和企业。

在经济周期的不同阶段，企业的规模、销售能力、获利能力以及相关的资本需求都会表现为不同的特征，对企业的财务策略会产生不同的影响，因而会影响财务管理的手段、方法。

4. 经济政策

经济政策是国家进行宏观经济调控的重要手段。国家根据不同时期社会经济发展的战略要求制定出不同的经济政策，包括产业发展和升级政策、经济结构调整政策、区域经济发展政策、金融政策和财税政策等，构成了现代企业重要的财务管理环境，对企业的筹资、投资和收益分配活动都会产生重要影响。

例如，具有优惠性的财税政策会影响企业的资本结构和投资项目的选择，产业政策和经济结构调整政策会影响资本的投向、投资回收期及预期收益。经济政策会随经济状况的变化而调整。如果企业能够及时地预测某项经济政策，把握住投资机遇，就能享受国家的优惠条件，从而得到巨大的收益。

5. 通货膨胀

通货膨胀作为宏观经济环境中的一项关键变量，对企业财务管理的诸多方面均产生了深远且复杂的影响。这一经济现象不仅关乎消费者的购买力，更在企业财务活动的微观层面引发了连锁反应，其影响力度往往更为显著。

首先，通货膨胀导致了企业资金需求的急剧扩张。随着物价的普遍上涨，企业为维持同等规模的存货水平，必须投入更多的资金。同时，为了规避原材料价格上涨带来的成本增加，企业倾向于提前采购、超额储备，这无疑进一步加剧了资金需求的压力。在此背景下，资金供求的矛盾变得愈发尖锐，企业间相互拖欠货款的现象屡见不鲜，应收账款的增加使得资金流动性大打折扣。此外，按照历史成本原则进行会计核算，通货膨胀会导致成本被低估、利润被高估的假象，而企业实际可用的资金却捉襟见肘，为了维持正常的生产运营，企业不得不寻求额外的资金来源。

其次，通货膨胀还引发了资金供给的持续短缺。政府为抑制通货膨胀，往往会采取紧缩的货币政策，减少货币供应量，这使得企业获取资金的难度加大。同时，物价上涨推动利率上升，股票和债券等金融资产的价格随之下跌，企业在资本市场的筹资成本增加，筹资难度提升。此外，银行贷款的风险也因物价上涨而加大，银行为了控制风险，往往会提高贷款门槛，使得企业获取银行贷款的条件更加苛刻。

最后，通货膨胀还导致了货币性资金的不断贬值。面对有价证券价格的持续下跌，企业更倾向于将资金投向具有保值功能的实物资产，以规避货币贬值的风险。

鉴于通货膨胀对企业财务管理的严重影响，企业应采取积极有效的措施来应对。在通货膨胀初期，企业可以通过加大投资力度、与客户签订长期购货合同以及借入长期负债等方式，来规避货币贬值的风险，实现资本的保值增值。而在通货膨胀持续期，企业则应采用更为谨慎的信用政策，减少企业债权的形成，或根据实际情况调整财务政策，以防止和减少企业资本的流失。这些措施的实施，对于企业在通货膨胀环境下保持财务稳定、实现可持续发展具有重要意义。

6. 市场的完善有效性

企业依赖市场而存在和发展，市场环境影响企业的财务活动。从企业所处的市场环境竞争态势来看，市场类型可以划分为完全竞争市场、不完全竞争市场、寡头垄断市场和完全垄断市场。

对于计划在证券市场上融资和投资的企业而言，证券市场的效率对财务决策也具有重要的影响。从证券市场上股票价格与相关信息的角度来看，证券市场可以划分为强式有效市场、半强式有效市场和弱式有效市场。

第一，强式有效市场。这种类型的证券市场是指证券价格完全反映了所有与价格变化有关的信息，包括历史信息、公开信息和内部信息。在这种市场上，证券价格取决于其实际价值，因而，即使个别投资者在偶尔几次投资活动中获得超常利润，也不可能长期稳定地保持这种收益，总的投资结果将只能获得平均利润，靠造假手段无法真正影响证券价格。

第二，半强式有效市场。这种类型的证券市场是指证券价格反映了所有历史信息和公开信息，但不能反映其内部信息。这种市场的效率程度要低于强式有效市场，但是公开发布的信息越迅速、越完整地被投资者获知，证券市场将会越有效率，但将会反过来减少投资者赚取超额利润的机会。

第三，弱式有效市场。这种类型的证券市场是指证券价格反映了所有过去证券价格变动的资料和信息，但却不能及时、有效、全面地反映所有公开信息，更不能反映内部信息。这种市场的效率程度比半强式有效市场还要低，证券价格的未来走向与其历史变化没有任何必然联系，证券价格的历史数据不能用来预测未来价格的变化情况，因此，投资者无法用过去的信息来判断目前的证券价格是否合理。

（二）法律环境

财务管理是一种社会行为，一定会受到法律规范的约束。财务管理的法律环境是指个体在从事财务活动以及在处理各种财务关系时所应遵守的各种法律法规和制度。市场经济是以法律规范和市场规则为特征的经济体制。法律规定了企业经营活动的空间，也为企业自主经营提供了法律保护。目前，直接影响财务主体的财务机制运行的重要法律规范主要包括财政税务法规、金融证券法规、财务会计法规、企业组织类法规等。

1. 财政税务法规

税收，作为国家凭借其政治权力无偿获取财政收入的一种重要方式，其实质是国家对企业及个人经济资源的一种强制性再分配。由于国家财政收入的主要构成部分源自企业的税金缴纳，因此，国家财政的整体状况及其政策导向对企业的资金供应与税收负担产生了深远的影响。同时，国家通过税种的设立与税率的调整，不仅能够调节经济的宏观运行，还能够对企业的生产经营活动产生直接的引导作用。鉴于此，企业在制定财务管理决策时，必须充分考虑税收政策的导向作用，通过科学合理的资金配置，力求实现经济效益的最大化。

税法，作为调整税收征纳关系及其管理关系的法律规范体系，其构成要素繁复而精细，包括征税主体、纳税义务人、征税对象、税目分类、税率设定、纳税环节、计税依据、纳税期限、纳税地点、减税免税政策以及法律责任等多个方面。在中国现行的税法体系中，增值税、消费税、资源税、企业所得税以及个人所得税等主要税种构成了国家税收收入的主体。对于企业而言，税负作为一种经济成本，会直接增加企业的现金流出，进而对企业的财务状况与经营成果产生重大影响。

税收对财务管理的影响贯穿于企业的融资决策、投资决策以及利润分配决策等多个环节。在融资决策方面，根据国际通行做法及中国现行的所得税制度，企业借款所产生的利息支出可以在计算应纳税所得额前予以扣除，从而降低了企业的实际税负，实现了财务杠杆效应的优化。相比之下，其他筹资方式则往往无法享受这一税收优惠。在投资决策方面，企业选择不同的投资形式、投资规模、投资行业以及投资业务，都会面临差异化的税收政策环境。例如，中国现行的企业所得税法就针对投资于特定行业（如高新技术产业、农业等）的企业制定了相应的税收优惠政策。在利润分配决策方面，税金与利润之间呈现出一种反向变动的关系。在一定时期内，企业所承担的税金增加，其利润必然会相应减少；反之，税金的减少则会带动利润的增加。此外，现实税率的变动会直接影响企业的实际利润水平，而预计税率的变动则会对企业的利润预测产生重要影响。因此，企业在制定财务管理决策时，必须充分考虑税收政策的变动趋势及其对企业经营活动的潜在影响，以确保决策的科学性与合理性。

2. 金融证券法规

针对金融市场及相关金融证券的法规既为企业提供了一个规范化的财务管理环境，同时也对企业的财务管理活动提出了严格的要求。主要的金融证券法规有《中华人民共和国证券法》《中华人民共和国人民银行法》《中华人民共和国商业银行法》《中华人民共和国票据法》《企业债券管理条例》《支付结算办法》《中国人民银行信用卡业务管理办法》《中华人民共和国外汇管理条例》《信贷资产证券化试点管理办法》等。

企业理财活动既受到保护，又受到约束。例如，《中华人民共和国证券法》的出台就要求所有企业在发行、转让、购买证券的过程中要严格履行各种法律程序，承担各种法定责任。这样，证券市场即成为规范化的市场，企业从事各种证券业务也得到有效的保障；又如，《中华人民共和国票据法》要求企业在运用票据结算时应及时履行各种义务，在客观上为商业信用的普及提供保障。

3. 财务会计法规

财务会计法规制度是规范企业财务活动、协调企业财务关系的行为准则。财务会计法规对于促进企业依法自主经营、自负盈亏、自我发展、自我约束，使企业成为产权明晰、权责明确、政企分开、管理科学的现代企业，具有重要的意义。

4. 企业组织类法规

关于企业组织的法规直接决定了企业财务运行可能的方式和环境。企业组织类法规有《中华人民共和国公司法》《中华人民共和国全民所有制工业企业法》《中华人民共和国个人独资企业法》《中华人民共和国合伙企业法》《中华人民共和国乡镇企业法》《中华人民共和国中外合作经营企业法》《中华人民共和国中小企业促进法》《中华人民共和国中外合资经营企业法》等。不同组织类型的法规对于不同企业的投资、筹资和分配政策以及相关的公司治理机制安排都作出不同的规定，在很大程度上影响了企业的财务管理行为。

5. 其他法规

除了以上体系，还有一些监管法规，如《中华人民共和国审计法》《中

华人民共和国企业破产法》《中华人民共和国合同法》《中华人民共和国商标法》《中华人民共和国专利法》《中华人民共和国著作权法》，以及《中华人民共和国反不正当竞争法》等。这些法律法规和其他法规一起，对财务的运行也发挥着极为重要的作用。

（三）文化环境

财务管理的文化环境是指对财务活动的形成和发展具有制约和影响作用的各种文化因素的总和，包括思想观念、价值趋向、思维方式、行为准则以及语言文字、风俗习惯等。在不同的社会或地区，不同文化因素组成的文化环境会表现出明显的差异。这种差异会直接影响企业的财务管理行为。

根据文化的固有性质及其与社会的关系，可将文化分为专业文化和社会文化两类。“专业文化”是指该特定的专业群体为其专业目标的实现而共同遵守的核心价值观和共同的价值取向，充分体现专业群体成员共同的追求与理念，是对专业中个体行为形成内在和外在的指导与规范，也就是将专业的价值理念内化成专业成员的自觉行为。“社会文化”是指在相应社会系统、社会关系中获得社会属性、具有社会功能的文化现象、文化客体。这种文化几乎存在于每一个社会环节中，如价值观念、道德水平等。

1. 专业文化

财务管理作为一门独立的学科产生于 19 世纪末，但其理论是在 20 世纪 50 年代以后才取得巨大进展。这主要是由于数学和计算机等专门技术在财务管理领域的广泛应用，如资本资产定价模型、期权定价模型和套利定价理论等都依托于数学的推导方法。财务管理从以定性管理方法为主逐步发展为定性与定量管理方法并重，主要得益于效用理论、线性规划、概率分布和模拟技术等数量方法在财务管理研究中的应用，例如，在财务风险的控制和财务决策中，理财的数量化方法占有很高的地位。21 世纪以来，随着计算机技术和网络技术的迅猛发展和广泛应用，财务管理在手段上完成了从手工到信息化的飞跃，理财效率迅速提高，扩大了信息处理和传递范围，为及时、准确、充分地处理和传递各种信息提供了可能，形成了网络化的财务管理信息系统。基于这种平台与技术，一些远程的管理、控制及跨国财务活动已成为现实。

2. 社会文化

社会文化的内容十分广泛，包括教育、科学、艺术、舆论、新闻出版、广播电视、卫生体育、世界观、理想以及同社会制度相适应的权利义务观念、组织纪律观念、价值观念等。

二、财务管理的内部环境

企业的内部环境是指存在于企业内部的影响企业财务管理活动的条件和因素，一般属于微观财务环境。对于大部分企业来说，其所处的外部财务环境可能是相同的，但每个企业的内部财务管理环境却是千差万别，各不相同。不同治理结构、不同组织形式和不同规模的企业分别具有不同的内部财务管理环境。企业应根据自身的内部环境特点，分别采取不同的管理措施，以实现企业财务管理效果最优化。

（一）治理结构

公司治理构成了一个复杂而精细的法律、文化及制度性框架，其核心目的在于平衡企业与各利益相关者之间的权益关系，确保公司决策过程的科学性、有效性与公正性，进而全面维护公司各方的合法权益。鉴于全球各国在社会文化背景、政策法规体系、政治体制架构以及经济发展模式等方面存在显著差异，这些多元因素共同作用，催生了多样化的融资机制、资本结构形态以及要素市场配置，进而塑造出各具特色的公司治理结构。这些不同的治

理结构，在财务管理的实践运作中，展现出迥异的影响效应，对企业的财务决策、资金运作以及风险控制等方面均产生深远影响。

1. 外部监控型

外部监控型治理结构，也称为市场导向型公司治理模式，即公司治理主要受外部市场的影响。这种公司治理模式以高度分散的股权结构、高流通性的资本市场和活跃的公司控制权市场为存在基础和基本特征，其典型代表国家有美国、英国、加拿大和澳大利亚。

由于股权特征具有高度分散性，委托人和代理人的信息不对称程度扩大，因此，在经理人的监督和激励问题上主要采用与股东利益相结合的方式，如股票期权、股票赠予等。虽然股东大会和董事会的投票能够影响财务决策，但是经理人更能直接有力地影响这种决策，并且更倾向于做出高风险的投资决策。

2. 内部监控型

内部监控型治理结构，又称为网络导向型治理模式，其核心特征在于公司治理深受股东（尤其是法人股东）及内部经理层人员流动的影响。此模式以股权的相对集中和主银行在公司监控中的实质性参与为基石。日本、德国及其他欧洲大陆国家是此模式的典型代表。在此框架下，股东与主银行在公司的财务决策过程中扮演着举足轻重的角色，它们能够有效制约经理人采取高风险的投资决策倾向，从而确保公司财务策略的稳健性。

3. 家族监控型

家族监控型治理结构，指的是一种公司所有权与经营权高度融合，公司运营与家族管理紧密相连的治理模式。在此模式下，公司的主导控制权在家族成员间进行分配，所有权与经营权的合一性构成了家族企业及家族监控型治理结构的根本特征。韩国、马来西亚、泰国、新加坡、印度尼西亚等东南亚国家是此模式的典型代表。在家族监控型治理结构中，公司的财务决策主要由家族领导者集中做出，这种决策模式虽然具有较高的效率，但往往缺乏足够的专业化支撑，且公司的内部控制体系有待进一步完善。此外，由于家族对企业的强控制力，企业的融资规模也可能因此受到限制，影响了企业的长远发展潜力。

4. 转轨经济型

转轨经济型治理结构主要存在于俄罗斯、中欧以及中国这些转轨经济国家。它们的共同特点是有大量规模较大、急需重组的国有企业，且法律体系较为混乱。在这些转轨经济国家中，公司财务中的最大问题是内部人控制。经理层利用经济体制转型期间的真空对企业实行强有力的控制，在某种程度上成为实际的企业所有者。即使有形式上的内部控制机制来保护投资者利益，公司的财务决策也主要由实际控制人决定。

（二）组织结构

组织结构是关于组织成员或团队任务不同角色的正规说明，为组织活动提供计划、执行、控制和监督职能的整体框架，一般由以下关键要素组成：必要的工作活动、报告关系以及部门组合。组织结构会影响信息流的传递、工作的动机以及工作的有效性，从而影响财务活动。

企业应在仔细分析自身特点的基础上，寻找一种合适的组织结构，以促进形成企业内部良好的理财环境。这样才有利于各职能部门相辅相成地开展工作，有利于企业经营管理和理财决策的实施。常用的组织结构分类方式包括：直线职能式组织结构、事业部制组织结构和矩阵式组织结构。

1. 直线职能式

直线职能式组织结构，其特点在于纵向的控制力度远胜于横向的协调机制，正式的权力与影响力主要源自职能部门的高层管理者。此结构之优势在

于管理指令系统清晰明确，每位员工均拥有固定的汇报路径，确保了组织内部的秩序与稳定。然而，其弊端也同样显著：管理层级繁多，不仅降低了财务管理的灵活性与有机性，还可能导致组织与外界环境的脱节，以及部门间横向沟通与协调的低效。因此，直线职能式组织结构更适宜于小型或中型组织，或是产品线较为单一的大型组织，这些情境下，其管理指令的明确性能够发挥最大效用。

2. 事业部制

事业部制组织结构，则是以产品、地区或客户为中心，对业务环节进行重新整合，每个事业部均具备独立的生产、研发、销售等职能，强调了跨职能的协调与合作。此结构的优点在于责任界定清晰，沟通环节简洁明了，每个事业部均享有一定的决策自主权，从而激发了员工的工作积极性与创造性。同时，财务管理活动对外界环境的适应性与有效性显著增强，能够迅速应对外部的不稳定与高度变化。然而，其缺点也不容忽视：职能部门间可能失去规模经济效益，生产线之间缺乏有效协调，各事业部的目标可能与集团总体目标产生偏差，进而影响企业整体财务管理目标的实现效率。因此，事业部制组织结构更适用于规模庞大、产品种类繁多的组织，以充分发挥其跨职能协调与快速响应的优势。

3. 矩阵式

矩阵式组织结构则巧妙地融合了直线职能式与事业部制组织结构的优点，既保留了事业部制的责任追踪机制，又汲取了直线职能式的专业优势。然而，这种组织结构也并非完美无缺：它可能导致命令的混乱、权责的模糊或不对等，以及职能经理与项目经理之间的潜在冲突与多头领导问题。尽管如此，在矩阵式组织结构下，经营计划的制订、执行情况的监管以及考核办法的设计均相对简单明了。只需以产品为主线，以产品事业部为对象，将销量、利润、费用、渠道建设等关键经营指标进行分解并下达给各事业部，确保权责利的紧密相连，便能有效地实现公司的总体财务管理目标。这种组织结构要求管理者具备高超的协调与整合能力，以充分发挥其综合优势并克服潜在弊端。

（三）内部规章制度

企业内部存在着一套复杂而多样的规章制度体系，这些制度旨在为企业经营管理活动提供明确的规范与指导。这些规章制度的构建与实施，从深层次上反映了企业的内部管理水平与治理效能。当企业内部具备一套完备且健全的管理制度，并能够得到严格有效的执行时，这无疑为企业的财务管理奠定了坚实的基础，使得财务管理工作能够站在一个较高的起点上顺利展开。这样的制度环境有助于推动企业迅速步入规范化的管理轨道，进而实现财务管理的优化与提升，带来显著的财务管理成效。反之，若企业内部规章制度存在缺失或虽有制度却未能得到严格执行，那么企业的财务管理工作必将面临重重困难，难以有效发挥其应有的作用与价值。

1. 内部规章制度体系建设

内部的规章制度体系通常围绕着企业的六项经营活动（技术、商业、业务、安全、会计和管理）进行建设，主要包括行政管理制度、人事管理制度、生产技术管理制度、质量检验制度、企业经济合同管理制度、产品供应管理办法、销售管理制度、安全生产管理制度、审计工作制度、内部控制制度、公司薪酬制度、预算管理制度等。

完善、适度、规范的内部规章制度体系可以使财务决策有章可循，提高财务活动效率，但是过度的规章制度体系则会变成繁文缛节，起到相反的效果。

2. 内部规章制度体系的执行力

内部规章制度是否能够提高财务活动效率，除了由规章制度体系本身是

否完善、适度、规范决定以外，还取决于规章制度的执行是否有效。例如，大多数较大规模的企业都制定了全面预算的管理制度，但若不能从上至下、全员参与到其中，或者即使参与制定预算但不按照一定的标准和制度执行，这些制度也只是形同虚设。

除了以上几点，企业内部财务环境还包括企业的生产经营规模、企业文化和企业自身筹资、投资和经营的能力，以及企业财务管理部门的整体水平。因此，企业财务管理部门和人员应该充分认识到自身在企业经营中的重要地位，积极探索适合本企业的管理模式和思路，随时根据市场动向以做出灵活反应，强化内部管理水平，降低各种消耗，积极主动地来促进企业微观财务环境的优化。

第四节　财务管理的价值观念解读

现代财务管理的价值观念是以价值管理为主线，贯穿于财务管理活动中各个环节中的理念，这个理念是价值观念、管理哲学等的融合体，它是组织成员对财务管理活动所产生的观念、所持的态度、处理问题的方式等。为了有效地组织财务管理工作，实现财务管理的目标，企业财务管理人员必须树立一些基本的财务管理观念，都必须考虑资金时间价值和投资风险价值问题。

一、资金时间价值

资金的时间价值，亦被学术界广泛称作货币的时间价值，其核心概念在于强调资金作为企业运营中不可或缺的关键资源要素，在时间的推移与投资的精心运作下，具备实现价值增值的潜能。具体而言，资金的价值并非静态恒定，而是随着时间点的不同而展现出差异化的价值量。资金，作为驱动企业运转的核心资产，其价值量在企业持续不断的经营活动中呈现出累积与增长的态势。企业运营的最终归宿，归根结底在于追求企业整体价值的最大化，而资金层面的稳健增长正是这一宏伟目标的直接映射，也是企业创造经济利润与社会价值的根本路径。这种因时间流逝而催生的资金价值变动，实则就是货币时间价值的生动体现。从马克思主义政治经济学的独特视角出发，我们可以深刻洞察到货币时间价值的根源所在——工人的辛勤劳动创造。这一观点不仅揭示了货币时间价值的本质内涵，更赋予了其深厚的理论意蕴。表面上，货币似乎通过时间的推移实现了自我增值的奇迹，然而，剥开这层表象的面纱，我们不难发现，这一增值过程实则蕴含着工人劳动成果的转化与累积。在资本主义生产关系的框架下，工人的劳动不仅创造出了足以维持自身生活的价值，还以工资的形式回馈给工人，而剩余的部分则作为超额利润，被资本家所攫取。因此，货币时间价值不仅是一个描述资金随时间增值的经济现象，更是一个深刻反映资本主义生产关系下劳动与资本之间错综复杂联系与分配机制的学术范畴。

在企业的经营活动中，资金处于持续流转的状态，而非静态囤积以应对业务需求。资金的运作深刻遵循着特定的经济逻辑与规律：当资金被精准投向生产领域时，通过生产流程与销售环节的高效协同与无缝衔接，这部分资金不仅能够有效实现保值，更有望在价值增值上取得显著成效，这构成了资金流动的一种经典且典型的模式。另外，企业在面临资金需求时，可能会选择向银行等金融机构寻求资金支持，通过借款方式筹集所需资金。在此过程中，银行或相关金融机构会依据资金使用的风险与成本，向企业收取相应的利息费用，作为资金使用的经济成本。为了推动企业稳健发展，企业必须确保资本运作的高效性——即确保资本报酬率能够超越借款利息率，从而充分利用财务杠杆的放大效应，为企业的成长与扩张注入强劲动力。这一资金运

作方式在当前企业经营活动中具有极高的普遍性与代表性。此外，企业在制定经营决策时，还需全面、深入地考量自有资金的管理与运用，这部分资本金不仅可用于企业自身的生产经营，还可通过贷出给其他企业以获取利息收入。然而，这种贷出行为也意味着企业放弃了将这部分资金用于自身发展可能带来的收益，这部分被放弃的收益即可视为机会成本。从另一个角度来看，这也是货币时间价值在企业资金管理中的另一种具体体现，即资金在不同时间点上的价值差异与选择取舍。

资金并非具备自动随时间增值的属性；相反，闲置的资金非但无法实现增值，反而可能因通货膨胀的影响而贬值。资金的真正增值，发生在其被投入生产和流通过程，特别是在投资活动中。这种随时间推移而产生的资金增值，实质上是货币所有者通过让渡其使用权，进而参与社会财富分配的一种方式。资金时间价值的根源，在于资金参与社会再生产过程后所实现的价值增值。从本质上看，这是资金周转使用后所带来的利润或增值的体现。企业通过将筹集到的资金用于购置劳动资料和劳动对象，为劳动者提供进行生产经营活动的必要条件，从而在实现价值转移的同时，也创造了新的价值，进而带来货币的增值效应。

相同的资金在不同的时点上，其价值是不同的，资金时间价值可以被看成是资金的使用成本。由于社会资源具有稀缺性特征，又能够带来更多社会产品，所以现在物品的效用要高于未来物品的效用。从经济学角度而言，现在的货币能够支配现在商品满足人们现实需要，而将来货币只能支配将来商品满足人们将来不确定需要，如果要节省现在的一元不消费而改在一年后消费，因为现在单位货币价值要高于未来单位货币的价值，所以在一年后消费时必须有大于一元可供消费，作为弥补延迟消费的贴水，投资者进行投资就必须推迟消费，对投资者放弃现期消费应给予报酬，利息便是这一报酬，这种报酬的量应与推迟的时间成正比。

资金的时间价值在财务管理领域中具有两种核心表现形式：相对数与绝对数。绝对数，亦被称为时间价值额，它具体指的是资金在投入使用过程中所实现的价值增长额。这一增长额是资金本金与时间价值率相乘的结果，同时也代表了使用货币资本所需承担的机会成本。在实务操作中，我们通常采用利息来衡量资金时间价值的大小，其实质反映了社会资金的平均利润水平。值得注意的是，资金时间价值是时间的一个函数，其价值会随着时间的推移而发生变化。相对数，即时间价值率，它在实践中往往被无风险的投资收益率所替代。在财务实务中，国库券利率、银行存贷款利率以及各种债券利率等，均可被视为投资报酬率的体现。然而，这些报酬率并不等同于时间价值率。只有在完全无风险且无通货膨胀的理想条件下，这些报酬率才能与时间价值率相等同。由于国债凭借其极高的信誉度和最低的风险水平，在通货膨胀率极低的情况下，我们可以将国债利率近似地看作时间价值率。从更宽泛的角度来看，货币的时间价值实际上为公司资金利润率设定了一个最低标准。

财务管理中对时间价值的研究，主要从量化的角度，对资金的筹集、投放、使用及回收等各个环节进行细致剖析，旨在构建出适用于不同分析方案的数学模型，从而为企业财务决策提供更为精准、科学的依据，进而提升决策的整体质量。

在企业生产经营的决策实践中，货币时间价值被视为一个不可或缺的关键要素。在筹资管理层面，企业获取资金并非无代价，这一代价即体现为资金成本，它与企业经济效益紧密相连，成为筹资决策中首要考量的因素。而在项目投资决策中，鉴于项目投资的长期性特征，货币时间价值的影响显得尤为突出。在市场竞争的推动下，各部门投资的利润率逐渐趋于平均化，因此，企业在投资某一项目时，至少应确保获得社会平均利润率，否则将可能考虑转向其他项目或行业。由此可见，货币时间价值已成为评价投资方案合

理性的基本准则。此外，在证券投资管理中，收益现值法作为证券估价的主要手段，同样要求将货币时间价值纳入考量范畴。同时，在企业存货管理中，对于销售积压存货、保管费用等问题的处理，也应充分考量货币时间价值的影响，以确保资金能够发挥最大的经济效益，为企业的稳健发展奠定坚实基础。

二、财务风险价值

（一）财务管理的风险价值界定

风险研究在财务学、金融学以及投资学等诸多学术领域中，始终占据着举足轻重的核心地位，各路学者对于风险这一概念的解读与阐释亦呈现出多样化的态势。部分学者倾向于将风险视作潜在的危机与威胁，其可能直接引发企业经营的动荡乃至崩溃；而另一些学者则秉持更为积极的视角，将风险视为机遇的另一种表述，为投资者带来了获取超额回报的可能。然而，在更为广泛的研究范畴内，多数学者倾向于将风险界定为一种不确定性因素，这种不确定性既可能为企业带来意想不到的积极效应，推动其迈向新的高度，也可能将企业或投资者拖入无尽的深渊，造成难以估量的损失。对于风险，人们虽持有各异的看法与观点，但不可否认的是，风险对于企业而言，若能以正视的态度面对风险，审慎地关注并分析风险因素，同时深入挖掘其中所潜藏的投资良机与增长潜力，那么投资者便有望把握住这一长足的发展契机，实现企业的稳健成长与长期繁荣。

高收益的投资往往伴随着高风险，这是投资领域的铁律。从博弈论的角度出发，并非每个人都能轻松斩获高额回报，真正的机遇总是青睐于那些能够精准评估风险、敏锐识别风险的个体或组织。企业的经营活动自始至终都与风险如影随形，风险一方面给企业带来了诸多不确定性因素，另一方面也为企业孕育了机遇，并创造出相应的价值，这便是我们常说的风险价值所在。

（二）财务管理中风险价值的运用意义

风险价值（Value at Risk，VaR）作为一个重要的金融概念，指的是在给定置信水平下，金融资产或投资组合在未来特定时间段内可能遭受的最大损失额。这一指标在量化投资风险、指导风险预测与防范，以及进行绩效评价等方面发挥着至关重要的作用。对于企业财务管理而言，采纳风险价值作为量化工具，其深远意义可从以下两个维度进行阐述。

首先，风险价值的引入在预防和化解企业财务危机方面展现出了显著的效能。在企业财务管理的复杂实践中，风险无时不在、无处不在，其成因多元化且复杂，既囊括了市场经济环境的波动、政策导向的变化、行业特性的差异等外部宏观因素，也涉及企业投资决策的合理性、经营管理的有效性、制度执行的严格性等内部微观环节。倘若企业未能对这些风险进行妥善的识别与应对，便极易陷入财务困境的泥潭，甚至面临破产的严峻风险。而风险价值工具作为一种先进的风险管理手段，能够为企业经营者提供精准的风险识别与量化分析，从而助力其制定并实施具有针对性的风险应对策略，有效规避潜在的财务危机，确保企业在激烈的市场竞争中保持稳健的运营态势。

其次，风险价值在强化财务风险分析方面展现出独特优势。相较于传统的风险管理方法，风险价值指标在风险衡量的精准度与直观性上实现了质的飞跃。传统方法往往因缺乏有效的量化手段，而难以全面、直观地描绘企业所面临的风险全貌，同时在综合考虑内外部风险因素对企业经营管理的综合影响时，也显得力不从心。风险价值指标则巧妙地融合了传统的财务评估指标与先进的市场风险评价指标，构建了一套完善的风险量化体系。这

一指标不仅能够精确量化资产投资组合的风险概率及风险程度，为企业的精细化风险管理提供了强有力的数据支撑，而且通过深入剖析风险状况，企业能够更准确地追溯风险成因，预测风险可能带来的潜在危害。在此基础上，企业还能够进一步预测未来一段时间内的财务状况，为风险管理和财务决策的制定提供更为科学、可靠的依据，助力企业在复杂多变的市场环境中稳健前行。

第二章 财务管理中的资金运作

资金是企业运营的血液，高效、安全的资金运作是企业持续发展的关键。本章将围绕筹资、投资、营运资金三大环节，探讨资金管理的优化策略与实践路径。

第一节 筹资管理及其优化策略

在市场经济快速发展的时代背景下，我国企业在发展的过程中也需要更多的资金，以此保障其能更为高效地开展生产经营活动。筹资管理作为企业财务管理工作的重要构成部分，其随着时代的进步实现了多样化发展，这就为新时期的企业带来了机遇以及挑战。提升企业筹资管理工作的质量，不仅可以使企业更为灵活地运用各类资金，还可以保障企业获得更多的经济效益。

一、筹资的基本认识

筹资，作为企业财务管理的核心环节，对于企业的生存与发展具有举足轻重的地位。

（一）筹资的概念及目的

1. 筹资的概念理解

筹资是每个企业必然会遇到的财务问题，从概念上说企业筹资是指企业作为筹资主体根据其生产状况、经营状况、投资状况和调整资本结构状况的需要，通过一定的筹资渠道和金融市场，科学合理地运用筹资方式，高效地筹措和集中资本的活动。企业筹资活是其开展各种生产经营活动的基础，企业筹资管理也是企业财务管理的一项主要内容，能否及时有效地筹集资金关系到企业是否能够获得健康良好的发展。

筹资对企业影响是广泛而深刻的，它贯穿于企业创建和发展的整个过程。在企业创建时，如果达不到法定的资本规模，那么会计师事务所是无法出具企业验资证明的，同时工商管理部门也不会为其办理注册登记手续发放营业执照，这种情况下企业是不能进行生产经营活动。

在企业生产经营过程中，资金更是企业发展必不可少的要素。企业生产经营规模的扩大、生产结构的调整、新产品的研制开发、公益活动的开展都离不开资金的支持。企业为了提高自己的额外收益、稳定供求关系会进行一系列的投资行为，在这个过程中，企业也必须进行资本的筹集。负债是企业发展过程中的不稳因素，企业为了保证健康的发展必须降低负债比率，减轻偿债压力，这也需要及时筹集资本，调整资本结构。

2. 筹资的主要目的

随着企业规模的不断扩大，其需要的资金量不断增多，商品生产者只使用自己的本金，很难满足企业的发展需要。企业扩大再生产需要的资金投入，通常情况下会远远超过企业的利润，这时企业可以一部分资金为基础，借入别人闲置的资金，并让对方取得资金收益，这样就是企业的筹资行为。筹资的目的主要有三大类，具体如下。

（1）满足生产经营的需要

企业的生产经营活动可分为两种类型，即日常生产和扩大再生产。由于投资活动与企业的生产状况密切相关，相应的筹资活动也可分为两大类型，即满足日常正常生产经营需要和满足企业发展扩张需要的筹资。企业日常生产活动具有稳定性，这是保证企业稳定发展的基础，因此企业日常生产经营筹资无论是期限还是金额都具有稳定的特点。相对地，企业的扩大再生产是根据企业的发展状况而定的，为其服务的扩张型的筹资活动，其筹资时间的安排，筹资数量的多少都有不确定性，其目的都从属于特定的投资决策和投资安排。无论是日常生产筹资还是扩大再生产投资都属于生产经营筹资，其直接结果是增加企业资产总额和筹资总额。

（2）满足对外投资的需要

企业对投资的根本目的是获取额外的收益，针对不同的实际情况企业对外投资一般出于三个方面的考虑：一是充分利用闲置资金。这种考虑充分提高了企业资金的利用率，保证了企业资金的高效运作。二是获取利润。这种考虑通常是因为企业对外投资有高于企业对内投资的获利机会。三是服务生产。这种对外投资是指企业控制被投资企业的业务，其目的是使其配合本企业的生产经营活动。

（3）满足资金结构调整的需要

资金结构调整是每个企业都会遇到的财务问题，进行资金结构调整的目的是减少资金成本，降低筹资风险，调整所有者权益与负债之间的比例关系。对每一个企业而言，资金结构调整都是事关企业资金运作稳定的重大的财务决策事项，同时也是企业筹资管理的重要内容。企业应根据实际状况进行适当的资金结构调整，当负债率上升或经营前景不佳时，企业可减少负债筹资

比例，增加所有者权益的筹资比例：当负债率下降时，企业则可采取相反的措施。

（二）筹资的基本原则

企业的财务活动是一个完整的资金运作系统，而筹集资金恰恰是企业财务活动的起点，为了更好地实现企业财务目标，经济有效地筹集资金，企业筹资时应遵循如图 2-1 所示的基本原则。

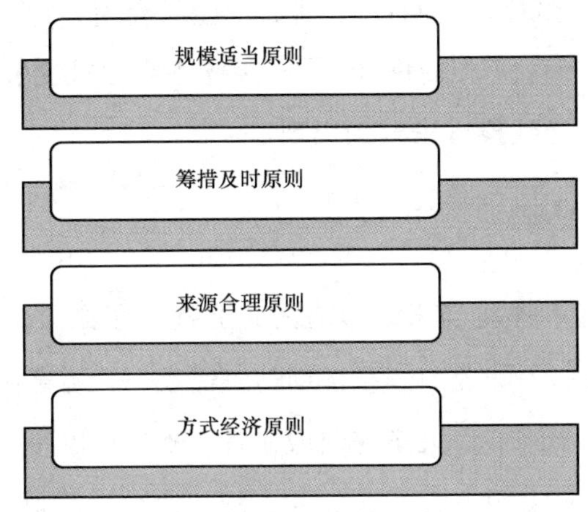

图 2-1　筹资的基本原则

1. 规模适当原则

企业的筹资规模并不是越大越好，它受到企业的资金需求量和受到国家法律法规及合同等因素的制约。企业在投资决策时要明确企业资金的需求量，无论通过什么渠道，采取什么方式筹集资金，都必须与企业自身需求相适应。科学地看，企业筹集资金不足会影响企业生产经营发展，制约企业规模的扩大；企业筹集资金过多，会影响资金的使用效果，增加企业的负担和经营风险。所以，这就要求企业财务人员要认真分析企业的生产经营状况，务必采用科学的预测方法，准确预测企业资金的需要量，确定科学合理的筹资规模。

2. 筹措及时原则

企业筹资的资金必须及时得到利用才能发挥其应有的作用，企业资金的筹集与资金的投放在时间上具有一致性。筹措及时就是指企业筹集资金应根据资金的投放使用时间来合理安排，使筹资和用资在时间上能够合理有效地相衔接。企业资金具有宝贵的时间价值，企业财务人员应该清楚地认识到这一点，并根据资金需求的具体情况，合理安排资金的筹集时间，适时获取所需资金。如果出现筹资过早的状况，那么资金就会因为得不到及时的利用而造成投资前的资本闲置，相应地如果出现筹资滞后的状况，那么可能会贻误投资的最佳时机，导致投资失败的出现。

3. 来源合理原则

资金市场及其多样化的来源渠道为企业提供了必要的资金支持与筹资平台，它们不仅揭示了资金的分布格局与供需动态，还直接决定了企业筹资的难易程度。鉴于不同资金来源在获取条件、难易程度上的差异，这些因素将深刻影响企业的收益结构与成本水平。因此，企业在制定筹资决策时，务必深入剖析资金来源渠道与资金市场的特性，以期做出科学合理的资金来源选择，优化企业的资本结构。

4. 方式经济原则

企业不论以何种方式筹集资金都需要付出必要的代价，它不仅是企业资金成本，更是企业经营总成本的重要部分。我们知道以不同方式取得的资金，其资金成本和筹资的风险都是不同的，为此，我们必须对各种筹资方式进行分析、对比，综合考察各种筹资方式的资金成本和筹资风险等因素，充分尊重筹资的进行性，尽可能地降低资金成本，为提高企业利润打下良好的基础。

（三）筹资的常用渠道

企业在做出筹集决策后，直接面临的是“筹集谁的资金”和“如何筹集资金”这两个问题，也就是说企业要对筹资渠道和筹资方式进行评估选择，以保证筹资的科学性和高效性。“筹集谁的资金”决定企业将与哪些主体形成资金投放关系，“如何”则决定了筹集的资金在企业中的属性。不同的筹资渠道和筹资方式有不同的特点，我们应该根据企业的内外环境和经营管理状况对不同的筹资方式加以区别，科学选择。

企业筹资渠道，即企业获取资本的路径与源头，深刻反映了资本的来源与流动状况。其形成与演变受多重因素影响，其中，社会资本供应者的数量及其分布状况起着决定性作用。社会资本供应者众多且分布广泛时，企业筹资渠道的选择将更为多元与灵活。因此，深入理解并识别各类筹资渠道的特点及适用性，对于企业优化筹资结构、拓宽筹资路径、实现资本的高效筹集具有至关重要的意义。这有助于企业科学组合筹资渠道，提升资本筹集效率与效果。

现在企业常用的筹资渠道可以归纳为如下六种。

1. 政府财政资本

政府财政资本在筹资领域中展现出鲜明的政策导向性与局限性，其运用往往局限于国有企业范畴。在我国经济体制中，国有企业，尤其是国有独资公司，多占据国家经济命脉的关键行业与领域，其资金安全直接关乎国家经济的整体稳定与发展。因此，政府通过财政手段介入，为国有企业提供稳定的资金支持，确保其资金安全与运营稳健。长期以来，国有企业的大部分长期资本均源自政府财政的直接拨款，这一模式在未来仍将是国有企业权益资本筹资的重要路径。政府财政资本的深厚底蕴与稳固基础，加之其在国有企业资本金预算中的合理安排，为国有企业的资金安全与国家经济的平稳运行提供了有力保障。

2. 银行信贷资本

相较于政府财政资本的局限性，银行信贷资本则以其广泛的覆盖面与高度的开放性成为我国企业筹资的主流选择。在我国，银行体系由商业性银行与政策性银行两大板块构成，共同为企业提供多样化的信贷服务。商业性银行以盈利为目标，专注于为企业提供各类商业贷款，其作为信贷资金投放的专业机构，在经历了一系列商业化改革后，如中国工商银行、中国建设银行、中国农业银行等，已为企业资金筹集构建了坚实的支撑平台。而政策性银行则侧重于支持国家特定领域与行业的发展，如国家开发银行、农业发展银行和中国进出口银行等，通过提供政策性贷款助力相关产业。银行凭借广泛吸收居民储蓄、单位存款等资金来源，以及灵活多样的贷款方式，能够精准对接各类企业的债权资本筹集需求，为企业发展提供强有力的金融支持。

3. 非银行金融机构资本

非银行金融机构资本在资本市场中扮演着举足轻重的角色，为众多企业提供了多元化的筹资途径。所谓非银行金融机构，系指除银行之外的各种金融机构、金融中介机构及金融服务机构之总称。在我国，这一范畴涵盖了租赁公司、保险公司、企业集团财务公司、信托投资公司以及证券公司等实体。这些机构不仅能够有效集聚社会资本，实现融资融物的功能，还能承销证券、提供信托服务，从而为企业直接筹集资本或助力企业发行证券筹资提供承销与信托支持。尽管非银行金融机构在资金规模上可能无法与银行相媲美，但其高度的灵活性却赋予了其广阔的发展空间与潜力。

4. 其他法人资本

依据我国法律，法人可细分为企业法人、事业法人与团体法人等类型。

在日常资本运营中，这些法人往往会产生部分暂时闲置的资本。为了最大化这些资本的经济效益，企业法人之间会进行相互融通，从而形成一种新型的筹资渠道。

5. 民间资本

随着经济的蓬勃发展与居民生活水平的稳步提升，民间资本的力量日益壮大。我国企事业单位的职工以及广大城乡居民手中积累了丰厚的闲置货币资本，他们愿意并有能力对部分企业进行直接投资，为企业筹资提供源源不断的资金支持。展望未来，随着经济的持续增长与人们可支配收入的不断增加，民间资本将呈现出更加蓬勃的发展态势，企业应积极挖掘并充分利用这一宝贵的资源。

6. 企业内部资本

企业内部资本作为企业内部自动生成或转移的资金，主要来源于企业提留的盈余公积与保留的未分配利润，其规模与稳定性会受到市场环境与经营状况的双重影响。与外部筹资方式相比，企业内部资本无需通过特定途径筹集，而是直接在企业内部产生并可用于企业的各项经营活动。因此，盈利企业应根据自身的盈利状况合理规划与利用这部分资金，以实现企业的可持续发展。

从上面的描述中我们可以看出，不同渠道的资金筹集方式其货币供应量方面存在较大差异，企业在进行筹资决策时应对这些筹资渠道进行分析，充分了解各种筹资渠道资本的存量与流量大小，并结合企业实际状况促使企业正确、合理地利用筹资渠道。

二、筹资管理的必要性及要求

筹资管理不仅关乎企业的资金流通与运营稳定，更是推动企业持续发展与壮大的关键力量。有效的筹资管理策略，能够确保企业在复杂多变的市场环境中，灵活应对资金需求，实现资源的优化配置。

（一）筹资管理的必要性分析

1. 企业自主经营的要求

企业自主经营，意味着企业在人力、物力、财力及产销等各个方面拥有充分的自主权与决策权。在这一框架下，财力管理，尤其是财务收支权的行使，成为企业自主经营理念的集中体现。筹资管理，作为财力管理的核心环节，其有序开展与盈亏责任的承担，直接反映了企业对于自身财务资源的掌控能力与风险承担意识。高质量的筹资管理，不仅能够为企业运营提供稳定的资金支持，降低财务风险，还能够显著提升企业的综合竞争力，使企业在市场经济的浪潮中屹立不倒。反之，若筹资管理不善，企业将面临资金链断裂的危机，自主经营将难以为继，长远规划亦将成为空中楼阁，甚至可能与市场经济发展的大潮脱节，被激烈的市场竞争所淘汰[①]。

2. 助力企业的生产发展

筹资管理在推动企业生产发展中发挥着至关重要的作用，它有助于企业充分挖掘并释放资金潜能。企业在开展生产经营活动时，往往需要投入巨额资金，这不可避免地会引发资金供应与生产需求之间的矛盾，成为企业管理层亟须关注并解决的关键问题。传统上，企业筹资主要依赖财政拨款和银行贷款，这种单一的筹资模式虽能暂时满足企业生产所需，但长期过度依赖却易导致经营风险的累积。

随着新时代的到来，企业若想持续推动生产发展，就必须摆脱对财政拨

① 冷冬署. 企业筹资管理的必然性和要求探析构建［J］. 财讯，2023，（19）：53.

款和银行贷款的过度依赖，积极探索并创新筹资管理模式。通过拓宽筹资渠道，激发社会资金的活力，以多元化的筹资策略减轻企业的资金压力，为企业的生产发展注入强劲动力。

3. 促进资金的流动

筹资管理还有效促进了企业资金的合理流动，提升了企业的资源配置效率与综合竞争力。在传统模式下，企业资金流动多呈现纵向模式，局限于企业内部、财政与银行之间，缺乏与更广泛地区、行业的交流与融合。然而，在市场经济时代背景下，这种封闭的资金流动方式已难以满足企业发展的需求。企业需紧跟市场经济的发展步伐，通过优化筹资管理，为资金的横向流动提供坚实基础。这包括构建跨地区、跨部门、跨行业的资金流动网络，实现资金的优化配置与高效利用。通过资金的横向流动，企业能够突破地域与行业的限制，拓展发展空间，捕捉更多的市场机遇，从而在激烈的市场竞争中脱颖而出，实现跨越式发展。

（二）筹资管理的基本要求

筹资管理作为企业财务管理的重要组成部分，其要求尤为严苛且细致。

1. 合理规划需求量

合理规划资金需求量，要求企业在实施筹资管理时，必须精心制定筹资计划与方案，并对资金投放时间进行精细化管理。企业虽需筹集充足资金以支持生产经营活动，但资金的使用需有目标、有限度，避免资金闲置或浪费。因此，企业应设定明确的筹资定额，为资金供应与使用确立统一标准。同时，结合企业发展现状、生产计划及销售情况，科学预测实际资金需求量。通过对会计年度数据的深入分析，企业应确保资金能够迅速周转，实现效益最大化。

2. 评估投资方向的可行性

筹资管理不仅关注资金的筹集，更在于如何将这些资金投入到最具潜力的项目中，以实现价值的最大化。因此，对投资方向的可行性评估，成为筹资管理不可或缺的一环。财务人员需深入剖析资金的实际需求与预期投资效果，从经济效益、社会效益及发展潜力等多个维度，对投资项目进行全面、客观的评估。对于那些市场前景广阔、技术含量高、盈利能力强的项目，企业应适当增加资金投入；而对于那些风险大、回报低的项目，则应审慎对待，甚至减少或避免投资。这种基于科学评估的决策机制，有助于企业优化资源配置，提升整体竞争力。

3. 尽可能降低筹资成本

企业需对各种筹资渠道进行深入分析与调研，明确各筹资项目的来源、方式及成本，以便选择最经济、最合理的筹资方案。资金成本包括资金占用费与筹资费两大部分，其总额及获取难度因资金来源的不同而有所差异。筹资管理要求财务人员综合考量资金来源的可靠性、成本的高低、风险的大小以及与企业经营战略的契合度等因素，制定符合企业实际需求的筹资策略。通过优化资金成本结构，企业能够有效降低综合资金成本，为经营规模的扩张与盈利能力的提升奠定坚实基础。

4. 科学管理负债

筹资管理还致力于实现负债的科学管理，助力企业更高效地运用现有资金。在市场经济环境下，借贷成为企业获取发展资金的重要途径，负债经营成为常态。然而，负债带来的利息支出虽可计入税前成本，减轻企业税负，但同时也增加了资金风险。因此，在筹资管理过程中，企业必须权衡投资效益与资金成本，确保在风险可控的前提下，最大化资金的使用效率与流动性。

通过精细化的筹资管理，企业不仅能够有效规避资金风险，还能实现资金的优化配置，为企业的稳健发展提供有力保障。

三、筹资管理中可能存在的问题及优化对策

实践中筹资管理往往面临诸多挑战，如何识别并解决这些问题，优化筹资策略，成为企业管理者和财务团队亟须关注的焦点。

（一）筹资管理中可能存在的问题

1. 负债筹资运用不科学

部分企业筹资管理实践中存在负债筹资运用不当的问题，制约了筹资管理的顺利进行。此问题根源在于企业自身偿付能力不足，导致筹资过程中面临银行信贷紧缩、投资者信任缺失等多重困境。对于企业的资产负债率，不同利益相关者持有不同观点：债权人关注资金的安全与稳定回报，期望资金及时回收及预期收益；股东则更看重投资回报及筹资对股权结构的影响。若负债筹资策略失当，企业将面临收支失衡的风险，进而威胁其长远发展。

2. 缺乏完善的管理机制

从管理机制的角度来看，部分企业筹资管理工作成效不佳的根源在于缺乏健全的管理体系。这些企业在追求经济效益的同时，盲目将管理工作与市场趋势强行对接，忽视了对企业自身实际情况的深入调研，导致筹资管理机制未能得到及时有效的更新与完善。一旦问题浮现，管理者难以依据现有机制准确追溯问题源头及责任归属，无形中增加了筹资管理的风险系数。长此以往，企业内部投资项目将逐渐失控，严重时甚至可能诱发筹资危机，致使筹资项目以失败告终。

3. 财务工作人员的专业素养不足

尽管部分企业已认识到筹资管理的重要性并尝试创新工作模式，但财务人员的专业素养与新时期筹资管理要求仍存在较大差距，严重影响了筹资管理质量。这一问题主要归因于财务人员对筹资管理的必要性及要求理解不深，对一线业务项目缺乏深入了解，以及筹资管理专业知识储备不足，导致实际工作中频现失误。同时，企业人力资源部门未能根据新时期筹资管理需求，为财务人员制定有效的学习计划与考核标准，进一步加剧了筹资管理的难度。

（二）提升筹资管理能力的优化对策

面对筹资管理中的种种挑战，企业必须采取积极措施，全面提升筹资管理的科学性与有效性。

1. 树立风险观念

在企业财务管理实践中，培养全员正向风险观念对于提升筹资管理水平具有至关重要的作用。企业运营过程中，决策制定虽为常态，但因其无法全面预见筹资活动潜藏的风险，故而强化风险意识成为必由之路。企业需采取自上而下策略，首先，管理层应深入剖析企业自身运营状况及筹资决策全貌，同时，调研同行业筹资项目风险案例，以此为基础开展风险教育，增强全员风险认知。其次，针对财务团队，管理层需着重提升其风险识别与评估能力，要求财务人员深入了解筹资管理中可能遭遇的各类风险及其潜在影响，确保其对风险危害有清晰认知。最后，构建风险预警体系，实现风险信号的即时传递至财务部门，确保企业能迅速响应，有效防范，真正做到风险前置管理，为企业的财务安全与可持续发展奠定坚实基础。

2. 构建健全的管理机制

一个健全且完善的筹资管理机制，对于保障并推动企业在新时期的筹资管理工作有序进行具有不可估量的价值。这一机制的构建需从多维度入手，包括资金管理、资金筹措、文件审批及岗位责任等多个层面，以确保筹资管理制度的全面性和有效性。以文件审批机制为例，新型筹资管理机制应强调财务人员对资金管理各环节的详尽记录，随后将这些信息整合为系统的资金管理文件，并接受严格的审批流程。此过程需涵盖筹资项目报告书、阶段性筹资计划、筹资实施记录等关键文档，旨在使管理层能够通过这些文件直观把握筹资管理的全貌，及时发现并纠正存在的问题。此外，该机制还应具备明确的责任追溯功能，一旦筹资管理过程中出现问题，能够迅速定位到具体环节或责任人，从而有效提升筹资管理的质量和效率，为企业的财务安全和稳定发展提供坚实支撑。

3. 提升财务工作人员的专业素养

企业管理者必须深刻认识到，筹资管理工作的成效与财务人员的专业素养紧密相连。因此，加强对人力资源管理的重视，针对全体财务人员制定并实施系统的学习计划，以满足新时期筹资管理对财务人员的高标准要求，显得尤为重要。具体而言，企业应开展理论与实践并重的继续教育培训。在理论层面，通过线上线下相结合的方式，使财务人员全面掌握筹资业务的核心内容、筹资管理的必要性及关键要点、主要流程环节等，确保其理论基础扎实。同时，注重实践教学，组织财务人员参与实际操作，提升其专业技能和实战能力。此外，建立科学的考核机制，将学习成果与绩效考核挂钩，以此激励财务人员积极学习，不断提升自我，为筹资管理工作的高质量开展提供坚实的人才支撑。

综上所述，筹资管理的高效实施，不仅为企业开辟了更为多元化的筹资途径，还推动了筹资模式的创新，为企业的生产经营活动提供了稳定可靠的资金保障。在新时代背景下，企业唯有深刻洞察筹资管理的核心价值与关键要素，方能针对现有筹资管理体系中的不足之处，制定并实施科学合理的改进策略，有效规避潜在风险。在此过程中，企业财务人员扮演着至关重要的角色，他们需树立积极的风险防范与筹资管理意识，紧密结合企业筹资管理的实际情况，勇于探索并实践新的工作方法。同时，企业管理层也需加强对投资项目及筹资成本的严格评估，通过精细化管理将筹资成本控制在合理区间，以期在保障资金需求的同时，实现成本的有效降低与效益的显著提升，为企业的可持续发展奠定坚实的财务基础。

第二节　项目投资管理与加强措施

企业可以通过项目投资提高经济效益，推动企业自身长久发展。对企业项目投资管理进行重点研究分析是当前企业发展规划的重点课题。

一、项目投资的基本认识

项目投资是一种实体性资产的长期投资，具有耗资大、时间长、风险大、收益高的特点。项目投资决策的成败，对于企业未来前景具有重要的，甚至是决定性的影响。

（一）项目投资的分类

项目投资，从广义视角审视，是企业为谋取未来经济回报而实施的资本投入行为。此行为不仅涵盖了对机器设备、厂房设施等生产性资产的购建与升级换代，即通常所言的项目投资；亦囊括了购买债券、股票等金融资产以及其他形式的投资活动。本书讨论的项目投资，特指针对特定项目，与新建或更新改造项目紧密相关的长期投资举措。

项目投资依据其性质，可划分为两大类：新建项目投资与更新改造项目投资。

1. 新建项目投资

新建项目旨在通过外延式扩张，新增生产能力。此类项目依据投资内容，又可进一步细分为两类：一是单纯固定资产投资项目，其核心特征在于投资仅限于获取固定资产所需的垫付资本，不涉及运营资本的投入；二是完整工业投资项目，此类项目则更为全面，不仅包含固定资产投资，还涵盖流动资金投资，甚至涉及无形资产等其他长期资产的投入。

2. 更新改造项目投资

更新改造项目则侧重于内涵式发展，旨在恢复或提升现有生产能力。因此，项目投资的概念远非固定资产投资所能涵盖。项目投资对于企业而言，具有举足轻重的地位。它不仅是企业维持正常生产经营活动的基石，更是推动企业持续发展壮大的关键所在。通过项目投资，企业能够提升产品质量、降低生产成本、增强市场竞争力，从而在激烈的市场竞争中脱颖而出，实现可持续发展。

（二）项目投资的积极影响

项目投资，作为一种以特定建设项目为载体的长期投资活动，其独特性在于每个项目均至少包含一项旨在形成固定资产的投资。相较于其他投资形式，项目投资展现出投资内容独特、资金规模庞大、影响深远持久（通常跨越至少一年或一个完整营业周期）、发生频次较低、资产流动性弱以及风险水平较高等显著特征。

从宏观层面分析，项目投资对于社会经济具有双重积极影响。首先，它是社会资本积累与扩张再生产的关键途径，对于推动社会经济长期稳定发展具有不可估量的价值。其次，增加项目投资能够创造更多就业机会，提升社会总供给水平，不仅有效满足日益增长的社会需求，还能进一步激发社会消费潜力，形成良性经济循环。

从微观视角审视，项目投资对投资者而言同样具有三重积极影响。其一，它助力投资者扩大资本规模，提升盈利能力与风险抵御能力。其二，通过自主研发或购买知识产权，并结合项目实践，投资者能够实现科技成果的商业化与产业化，从而持续获取技术创新优势，为科技与生产力的融合提供有力支撑。其三，项目投资还是提升投资者市场竞争力的关键。在当今市场环境下，竞争不仅体现在人才与产品层面，更根本的是投资项目之间的竞争。因此，项目投资对于投资者而言，是增强实力、创新发展与提升市场竞争力的必由之路。

二、项目投资管理的新局面及意义

（一）项目投资管理的新局面

在当前经济环境下，项目投资管理正步入一个全新的阶段，其面临的挑战与以往大相径庭。

1. 项目融资的复杂性日益凸显

传统投资模式下，企业项目资金主要来源于自有资金与银行贷款，项目建成后的运营收益是资金回笼的主要途径。然而，近年来，全球经济增速放缓，国内投资活动趋冷，企业融资难度随之加大。过度依赖银行贷款不仅会导致企业资产负债率攀升，还可能对日常运营构成威胁。因此，如何拓宽融资渠道，高效利用企业资产，成为项目投资管理领域亟待解决的新难题。

2. 项目经济效益的不确定性增加

项目的经济效益深受投资预算与运营管理的双重影响。由于项目建设周

期长，人工成本、原材料价格波动大，加之设计变更频繁等因素，项目实际投资往往超出预算，导致整体收益低于预期。同时，部分项目因运营成本高企、市场重复建设导致竞争加剧，进一步压缩了运营收益，从而影响了项目的整体经济效益。这些挑战要求企业在项目投资管理中必须更加谨慎，以应对日益复杂的市场环境。

（二）加强项目投资管理的意义

深化企业项目投资管理，对于企业的稳健发展具有举足轻重的意义，具体体现在以下两方面。

1. 有利于优化企业的资本结构

企业的投资资源涵盖自有资本、初创资金及运营收益等。若仅依赖内部资源推进项目，不仅可能干扰日常运营，还难以实现资源的内外整合。同时，传统的银行贷款模式已难以满足企业日益增长的投资需求。在此背景下，拓宽融资渠道，制定更为周全的融资策略，不仅能为新项目注入活力，还能为企业的持续运营提供坚实保障。此外，通过融资管理，企业可将固定资产转化为流动资金，提升市场信誉，便于短期融资，进而将资金投入到其他项目中，实现投资与负债的均衡配置。

2. 有利于完善企业的管理制度

企业的长远发展需以健全的管理制度为基础。加强项目投资管理，能促使企业不断完善内控制度，有效防范项目风险，降低管理成本，提升运营效率，从而增加项目收益，实现经济效益的最大化。同时，完善的核算管理制度与内控制度，可为项目决策与投资规划提供精准的数据支持，提升管理决策的科学性与合理性。

三、投资管理的加强措施

随着企业规模的扩张与市场环境的日益复杂，传统的投资管理模式已难以满足现代企业的需求。因此，探索并实施一系列全面、精准与高效的投资管理措施，成为企业提升投资管理水平、实现可持续发展的必由之路。

（一）投资项目与企业发展战略相匹配

企业的发展既依赖于日常生产经营的稳健积累，也离不开通过扩大生产规模和并购优质企业来实现的资本扩张。在此过程中，企业投资项目的选择至关重要，必须紧密契合其发展战略与主营业务方向，确保有限资源能够精准投入最有利于企业发展的项目中。特别是在跨行业投资时，企业应秉持审慎原则，深入开展行业分析，建立健全风险控制机制，以确保企业能够稳健前行。面对新时期市场经济的复杂多变，企业需不断探索适应自身发展的投资路径，全面评估项目实施的影响，实现生产经营与项目投资的协同驱动，为企业的长远发展注入不竭动力。

（二）健全企业金融投资预算管理体系

当企业步入快速发展阶段，其所面临的风险与挑战也随之升级。此时，构建并完善一套健全的企业投资预算管理体系，对于保障企业投资活动的稳健进行至关重要。这一体系的建立，需从以下几个方面着手。

培育前瞻性的投资管理理念：在快速变化的市场环境中，企业财务与管理人员必须具备敏锐的市场洞察力与前瞻性的投资思维。企业应通过培训、交流等方式，不断提升管理人员的专业素养与战略眼光，为投资规划提供清晰而明确的战略导向。

加大资金预算的管控力度：资金预算是投资活动的基石。企业应确保预算的制定过程科学严谨、合理有序，既要充分考虑项目的资金需求，又要兼

顾企业的整体财务状况与现金流状况。通过建立健全的预算审批与监督机制，确保资金预算的准确性与可执行性。

完善投资预算的责任机制：责任明确是预算管理有效实施的关键。企业应将预算行为的相关责任落实到个人层面，结合奖惩制度，激励预算人员明确工作重点，强化责任意识。通过责任机制的建立，推动预算管理体系的持续优化与升级，确保投资活动的顺利进行。

（三）科学制订企业投资计划

投资计划是投资项目成功实施的行动指南。在新时期背景下，企业应注重投资计划的科学性与前瞻性，确保其与企业发展战略的紧密契合。

全面剖析投资能力：在制订投资计划前，企业需对自身的投资能力进行客观评估，包括资金实力、融资能力、技术储备等。通过全面剖析，明确企业的投资边界与风险承受能力，为项目选择提供科学依据。

优选投资项目：基于投资能力的评估，企业应优选那些与当前发展阶段高度契合、预期收益明确且风险可控的项目。同时，果断放弃那些与企业战略方向不符或风险过高的项目，确保投资计划的精准性与可行性。

制定详尽的实施方案：投资计划不应仅停留在宏观层面，而应细化到具体的实施步骤与时间表。通过制定详尽的年度投资实施方案，确保投资计划能够紧密贴合企业的经营需求，实现投资的精准投放与高效利用。

（四）实现投资项目全过程管理

投资项目全过程管理，是对传统项目管理模式的超越与升级。它要求企业对投资项目从论证到运营的全过程进行全面、细致的管理，确保投资活动的顺利进行与预期效益的实现。

项目事前决策阶段：在此阶段，企业应组建专业的评估团队，从行业背景、市场前景、技术可行性、财务效益等多个维度对项目进行全面评估。通过深入的市场调研与风险评估，为项目是否启动提供科学依据。同时，制定详细的投资决策报告，明确项目的投资目标、预期收益与风险防控措施。

项目事中控制阶段：项目实施过程中，企业应加强对项目投资概算、实施进度与建设质量的严格控制。通过建立健全的监控机制，确保项目按照既定计划顺利推进。同时，注重项目过程中的沟通与协调，及时解决实施过程中出现的问题与风险，确保项目建设的顺利进行。

项目事后管控阶段：项目竣工验收后，企业需对项目运营效益进行深入分析，并与决策阶段的预期效益进行对比。通过效益评估，验证项目是否达到了既定的经济目标。若实际效益未达预期，企业应深入剖析原因，提出针对性的改进措施，并为后续项目的投资决策提供宝贵经验。

为实现投资项目全过程管理的有效实施，企业应建立健全的管理办法与奖惩机制。通过明确各阶段的管理职责与工作流程，确保投资项目的顺利推进与高效运营。同时，结合奖惩制度，激励管理人员与员工积极参与投资管理活动，不断提升投资管理的水平与效率。

（五）强化企业内部投资管理团队建设

首先，提升投资管理团队的宏观战略视野。在复杂多变的市场经济环境中，企业的投资决策深受国家宏观调控政策的影响与制约。因此，投资管理团队必须具备高度的政策敏感性，紧密跟踪国家政策的动态变化，深入剖析企业发展战略与国家政策导向的契合点。通过这一举措，团队能够更为科学地把握政策脉搏，为企业的投资决策提供有力且精准的政策支撑，确保投资方向与国家发展大局相协调。

其次，建立健全的激励机制与绩效考核体系。一方面，企业应设计并实施一套全面且可行的激励方案，将物质奖励与精神激励有机融合，以此增强团队的凝聚力、向心力与归属感。另一方面，需严格落实项目投资的绩效考核机制，明确团队成员的责任分工与考核标准，强化团队对项目实施全过程的监督与管理责任。通过这一系列的制度安排，能够全面提升投资管理团队的工作效率与执行力，确保投资决策的精准实施与项目的顺利推进。

最后，持续关注并着力提升投资管理团队的学习能力与创新能力。面对日益复杂多变的外部环境与激烈的市场竞争，企业投资项目的选择与落地实施面临着前所未有的挑战与考验。因此，投资管理团队必须保持持续学习的态度与习惯，积极拥抱新事物、新观念与新技术，不断探索潜在的投资机遇与发展空间。通过持续的学习与实践积累，团队的业务能力、专业素养与创新能力将得到显著提升，为企业的长远发展奠定更为坚实的基础与支撑。

综上所述，随着信息时代的到来，企业项目投资管理将会面临不一样的风险和机遇，在竞争日益激烈的环境下，想要推动企业长足发展，企业应该充分意识到投资管理的重要性，丰富企业融资渠道，做好企业投资计划，实现投资项目全过程管理，强化企业内部投资管理队伍，助力企业健康稳定发展。

第三节　营运资金管理及发展策略

营运资金，亦称作营运资本，是指企业流动资产与流动负债的统称，构成了企业财务管理的核心要素之一，同时也是评估企业短期偿债能力的重要指标。通常而言，营运资金的充裕程度与企业的短期偿债能力呈正相关关系：营运资金越多，表明企业短期偿债能力越强；反之，若营运资本匮乏乃至出现负值，则企业的短期偿债能力将大为削弱。因此，在纷繁复杂的经营环境中，企业能否维持持续运营，其营运资金的管理能力发挥着至关重要的作用。

一、营运资金的内容及原则

营运资金的研究溯源可追溯至西方，其概念及内涵随工业演进不断得到修正与完善。在早期，营运资金被定义为企业在持续经营中，除固定资产外所持有的资金总和。一般而言，营运资金有广义与狭义两种界定。广义上的营运资本，指的是企业的总营运资本，即流动资产的总和；而狭义上的营运资本，则特指净营运资本，它表示的是流动资产在扣除流动负债后的净额。本书所探讨的营运资本，正是基于狭义的定义展开。

（一）营运资金管理的内容

营运资金的管理是一个综合性的过程，不仅涵盖了流动资产的管理范畴，还深入到流动负债的管理领域。具体而言，它涉及对各类流动资产与流动负债的细致管理及其相应管理策略的精心制定。因此，营运资金的管理实际上是对流动资产和流动负债各组成部分的全面把控。企业应当依据营运资金的具体构成，制定恰如其分的营运资金政策，并确立合理的营运资金规模，以确保资金的高效运作。

1. 流动资产

流动资产，指的是那些在一年之内或超过一年但不超过一个营业周期内，能够变现或被消耗的资产类型。它们构成了企业短期资金循环的基石，对于维持企业的日常运营和偿债能力具有举足轻重的作用。具体而言，流动资产主要包括以下几大类：首先，现金作为最为流动的资产，它不仅是购买商品、支付费用或偿还债务的直接媒介，还涵盖了库存现金、银行存款以及其他货币资金等多种形式，为企业的即时支付能力提供了有力保障。其次，交易性金融资产则代表了企业为短期内获取收益而持有的各类有价证券及不超过一年的其他投资，其中有价证券投资是其主要构成部分，这类资产的高度流动性使得企业能够迅速调整其资金配置。再次，应收及预付款项反映了企业在生产经营活动中所形成的、尚未收回或已提前支付的款项，这包括了应收账款、应收票据、其他应收款以及预付账款等多个细分类别，它们的管理直接关系到企业的资金回笼速度和坏账风险。最后，存货作为企业在生产销售过程中为满足市场需求或生产消耗而储备的各类物资，其种类繁多，

包括商品、产成品、半成品、在产品、原材料、辅助材料、低值易耗品以及包装物等，存货的管理不仅影响到企业的生产效率和销售能力，还直接关联到企业的资金占用成本和存货跌价风险。

与长期投资、固定资产、无形资产及递延资产等长期性资产相较而言，流动资产以其独特的占用时间短、周转迅速及易于变现等特性，在企业财务管理中占据着举足轻重的地位。拥有较为充裕的流动资产，能够在一定程度上为企业构筑起抵御财务风险的屏障。具体而言，流动资产的显著特点可归纳为以下三个方面：第一，周转速度快。企业投资于流动资产上的资金，其完成一次完整周转所需的时间相对较短，往往能够在一年之内或是一个营业周期内实现回收。相比之下，固定资产等长期性资产的价值回收则需经历多次转移方能逐步实现。第二，流动资产的变现能力极强。诸如现金、银行存款等流动资产项目，本身即具备随时用于支付、偿债等经济活动的特性。而诸如短期金融资产、存货以及应收账款等其他流动资产，亦能在较短的时间内实现变现，为企业的资金流动提供有力支持。第三，流动资产对于降低企业财务风险具有积极作用。企业若拥有较为丰富的流动资产，凭借其周转迅速及变现能力强的特点，能够有效地降低企业所面临的财务风险。

然而，值得注意的是，流动资产并非越多越好。过多的流动资产会增加企业的财务负担，进而对企业的利润水平产生负面影响。反之，若流动资产不足，则可能导致企业资金周转不畅，进而影响到企业的正常经营。因此，在财务管理中，合理配置流动资产的规模显得尤为重要。企业应当根据自身的生产经营周期及实际需求，确定一个既能满足正常生产经营所需，又能避免积压与浪费的流动资产占用量，以实现流动资产的优化配置。

2. 流动负债

流动负债是指需要在一年或者超过一年的一个营业周期内偿还的债务。流动负债又称短期负债，具有成本低、偿还期短的特点，必须加强管理。

流动负债按不同标准可作不同分类，在众多分类标准中，以下几种最为常见且具有重要意义。

以应付金额是否确定为划分依据，流动负债可被区分为应付金额确定的流动负债与应付金额不确定的流动负债。前者指的是那些依据合同或法律条文规定，到期必须按既定金额偿付的流动负债，诸如短期借款、应付票据以及应付短期融资券等，其金额明确且固定。而后者则是指那些需依据企业实际运营状况，在特定时期或满足特定条件后方可确定的流动负债，或是其应付金额需进行估算的流动负债，例如应交税费、应付产品质量担保债务等，其金额具有一定的不确定性。

从流动负债的形成角度来看，可将其划分为自然性流动负债与人为性流动负债。自然性流动负债是在企业日常持续经营活动中自然产生的，无需特别安排，多因结算流程或相关法律法规的规定而形成。在企业的生产经营进程中，由于法定结算流程的存在，部分应付款项的支付时间可能会滞后于其形成时间，这些已形成但尚未支付的款项便构成了企业的自然性流动负债，如商业信用、应付工资以及应交税费等。而人为性流动负债则是企业财务人员根据企业对短期资金的需求状况，通过有意识的安排所形成的流动负债，如短期银行借款等，这类负债的产生具有明确的目的性和主动性。

以是否支付利息为判断标准，流动负债还可被进一步划分为有息流动负债与无息流动负债。这一分类方式有助于企业更清晰地了解自身负债结构，为优化资金配置和降低财务成本提供有力支持。

（二）营运资金管理的原则

企业的营运资金在全部资金中占有相当大的比重，而且周转期短，形态易变，因此，营运资金管理是企业财务管理工作的一项重要内容。企业进行营运资金管理，应遵循以下原则。

第一，合理确定营运资金需求量。营运资金反映企业在生产经营过程中

长期周转资金的平衡情况。如果营运资金需求为正，反映流动资产占用资金较多，需要短期借款来维持平衡；如果这种不平衡情况是长期的或是相当严重的，就应通过增加长期资金来增加营运资金，或者调整资金结构，改善资金管理来解决。如果营运资金需求为负，则反映流动资产过剩。企业营运资金的需求数量与企业生产经营活动有直接关系。一般情况下，当企业产销两旺时，流动资产会不断增加，流动负债也会相应增加；而当企业产销量不断减少时，流动资产和流动负债也会相应减少。营运资金的管理要求企业应认真分析生产经营状况，采用一定的预测方法合理确定营运资金的需要数量。

第二，节约资金使用成本。在营运资金管理，精准平衡生产经营需求与资金使用成本控制之间的关系显得尤为关键。企业应在确保生产经营活动顺畅进行的基础上，积极探索降低资金成本的有效途径。具体而言，这包括通过优化现金流管理、加速存货周转以及提升应收账款回收效率等手段，有效减少资金的不必要占用，进而降低资金占用成本。同时，企业还应充分利用商业信用的优势，灵活应对短期资金周转挑战。在适当时机，通过向银行借款等融资方式，合理运用财务杠杆效应，以期在控制风险的前提下，提升权益资本的报酬率，实现企业财务管理的最优化。

第三，保持合理的流动资产与流动负债结构。合理配置流动资产与流动负债的比例关系，确保两者结构的高度适配，是保障企业短期偿债能力稳健的关键原则。流动负债，作为企业短期内需偿还的财务义务，其偿还来源主要依赖于短期内可迅速转化为现金的流动资产。一般而言，企业流动资产充裕而流动负债相对较少，往往预示着其短期偿债能力的强劲；反之，则可能表明短期偿债压力较大。然而，流动资产过多而流动负债过少，也可能暗示着资产利用效率不高，如流动资产积压、应收账款回收滞后或流动负债融资潜力未充分挖掘等问题。因此，在营运资金管理中，必须审慎权衡流动资产与流动负债的配比，既要确保企业具备充足的短期偿债能力，又要避免资金过度闲置导致的资源浪费。传统上，流动资产与流动负债保持 1:1 的比例被视为较为理想的状态，但实际操作中，这一比例可能因企业特性、行业环境及市场条件的不同而有所调整，需结合企业自身的实际情况进行灵活设定与优化。

二、企业营运资金管理的主要问题

（一）营运资金投资存在的问题

营运资金的投资决策，其核心在于如何高效且合理地在现金、应收账款、存货等各类流动资产之间进行资金配置与管理。在理论层面，通常可以将流动资产的投资策略划分为三大类型：适中型、保守型与激进型。适中型策略致力于寻求持有成本与短缺成本之间的最佳平衡点，以实现流动资产规模的最优化，确保成本总和最小化；保守型策略则倾向于维持较高的流动资产水平，从而承担较高的持有成本，但相应地，其短缺成本则相对较低；而激进型策略则反其道而行之，通过维持较低的流动资产水平以降低持有成本，但这也使得其面临较高的短缺成本风险。目前，我国的企业在营运资金投资方面主要存在以下一些问题。

1. 流动资金周转速度慢

流动资金周转率，作为评估企业营运资金管理效能的一项关键指标，其高低直接反映了企业以有限流动资金推动生产任务完成的能力。当该指标处于较高水平时，意味着企业能够以较少的流动资金实现更高效的生产运营，从而显著降低营运资金短缺的风险。在营运资金资源有限的大背景下，提升流动资金周转率成为缓解企业资金压力、优化资金配置的有效途径。

当前，我国众多企业普遍面临流动资金周转率偏低的挑战。对于资金较为充裕的企业而言，尽管短期内较慢的周转速度可能不会对其运营造成显著

影响，但从长远视角来看，这仍可能导致企业逐渐陷入资金供应短缺，甚至资金链断裂的困境。而对于资金本就紧缺的企业来说，流动资金周转速度的缓慢无疑是经营中的一大硬伤，极有可能因资金流的持续紧张而危及企业的生存与发展，甚至面临倒闭的严峻风险。

2. 流动资产质量欠佳

流动资产质量欠佳集中体现在应收账款的质量低劣上。在实践操作中，人们往往过于关注销售收入增长的表象，却忽视了增长背后的真实驱动因素。诚然，如果销售收入的增加是源于企业经营状况的实质性改善、市场渠道的拓展以及市场认可度的提升等积极因素，这无疑将为企业及其利益相关者带来实质性的利益。然而，当企业经营管理层在面临多重业绩压力时，若采取大量赊销的策略来刺激收入的增长，这实际上是在为企业埋下潜在的巨大风险。

在内部控制机制完善的企业环境中，赊销行为应当经过严格的授权与审批流程，以确保应收账款的质量，并有效地降低坏账风险。然而，在竞争日益激烈的商业环境中，部分企业的经营管理者在面临来自各方面的业绩压力时，往往会选择以大量赊销作为缓解收入增长压力的权宜之计。这种做法，特别是对于那些信誉不佳的客户，将使企业承担极高的收款风险以及潜在的坏账损失。这种粗放式的销售增长模式，不仅反映了企业在营运资金管理方面的严重不足，更暴露了其在风险管理意识与策略上的短板。因此，这一问题亟待引起企业的高度重视，并采取切实有效的措施进行改进与优化。

3. 管理缺乏灵活性

由于各企业在自身优势、劣势、产业环境及宏观环境等多方面存在显著差异，因此，营运资金的管理策略必然因企业而异。将营运资金管理的理论直接套用于企业实践，往往难以奏效。以存货管理为例，传统理论主张应尽量减少存货资金占用，加速存货周转，以降低资金的机会成本。然而，这一理论是在简化假设条件下抽象得出的，适用于理想化的简单环境。

在现实中，企业的经营状况与环境远比理论假设复杂多变。因此，在运用存货管理理论时，必须结合实际情况进行灵活调整。例如，在生产经营的淡季，企业应适当缩减存货库存，以降低资金占用和存储成本；而在经营旺季，则需根据历史销售数据合理增加存货储备，以确保销售供应的稳定性，避免因存货短缺而影响销售业绩。这种根据企业实际情况和环境变化对管理策略进行动态调整的做法，是营运资金管理理论与实践相结合的关键所在。

（二）营运资金筹资存在的问题

营运资本筹资管理，其核心在于科学、合理地配置流动资产所需资金的短期与长期来源比例，以实现资金的最优配置。然而，在实际操作中，营运资金筹资管理面临着一系列问题。

1. 资金分配不合理

一般而言，适中型筹资政策因其风险与收益的均衡性而被视为较为合理的选择。然而，实践中不少企业却将短期资金来源错误地用于长期资产投资，这种激进且低效的资金使用方式不仅使企业暴露在极高的财务风险之下，还严重损害了其经营的可持续性。长期而言，这种不合理的资金分配策略将对企业的稳定运营构成严重威胁。

2. 营运资金筹资面临困难

对于中小企业而言，筹资难以成为制约其营运资金管理的重大障碍。从内源融资角度看，中小企业由于自身规模有限，内部积累的资金难以满足扩张需求。而转向外源融资时，又常因信用担保不足、规模偏小等因素而难以获得银行的大规模贷款支持。尽管政府已出台一系列扶持政策以缓解中小企

业融资难的问题，但融资困境依然严峻。银行在放贷过程中倾向于选择资信良好的大型企业，而中小企业由于信用记录相对薄弱，往往难以达到银行的贷款标准，从而加剧了其营运资金筹资的难度。因此，如何有效破解中小企业融资难题，优化资金配置结构，已成为当前营运资金筹资管理领域亟待解决的关键问题。

三、营运资金管理的加强建议

（一）强化营运资金管理的内部控制机制构建

在营运资金管理的实践中，建立健全的内部控制机制是防范管理层不当行为、提升管理效能的关键所在。以应收账款管理为例，通过制定并执行严格的赊销政策与内部授权审批流程，能够有效遏制经营者为单纯追求经营收入增长而盲目放宽信用条件，从而规避应收账款坏账风险的累积。具体而言，对符合信用标准的客户实施赊销策略，可以显著降低坏账发生的可能性；同时，构建科学合理的收账机制，也能促进企业高效回收应收账款，保障资金流的稳健。这些内部控制制度的建立，不仅为经营者提供了明确的行为准则，也有效防止了营运资金的过度投资或投资不足等失当行为，确保了资金运用的合理性与高效性。

（二）全面融合企业经营绩效与资金运营效率的评价体系

企业在追求经营绩效的过程中，往往容易忽视资金运营效率的重要性，这是导致流动资产质量低下、资金流转迟缓等营运资金管理问题的根源之一。因此，构建一个既考量经营绩效又兼顾资金运营效率的综合评价体系显得尤为重要。企业在评估经营成果时，除了传统的成本收益分析外，还应将营运资金的管理效率纳入考核范畴。在审视营运资金投资项目时，应摒弃单一的营利能力视角，而是将项目成本与资金来源成本相结合，进行全面的经济效益分析。鉴于盈利能力强的项目往往伴随着较高的成本支出，企业需从整体效益最大化的角度出发，将经营绩效与资金运营效率紧密结合，实现两者的协同优化。

（三）优化资金管理策略，多元化融资渠道探索

营运资金短缺是众多企业发展进程中的一大瓶颈。依据优序融资理论[①]，企业在筹资决策中应遵循先内源后外源、先债务后股权的原则。面对融资约束，企业应加强盈余资金的精细化管理，通过调整股利分配政策，最大限度地留存内部资金，以降低经营与财务风险。同时，当内源融资难以满足资金需求时，企业应深入剖析自身的经营与财务状况，灵活调整营运资金的配置水平。在融资策略上，除了传统的银行贷款外，还应积极探索债券融资、股票融资等多元化融资渠道，根据企业的实际情况与市场环境，选择最适合的融资方式。通过拓宽融资渠道、优化资金管理策略，企业可以有效缓解营运资金短缺问题，为持续发展奠定坚实的资金基础。

① 优序融资理论也译“啄食顺序理论”。是关于公司资本结构的理论。以信息不对称理论为基础，并考虑交易成本的存在。

第三章　财务管理的常用方法解读

财务管理方法的科学运用是提升企业财务管理水平的重要途径。本章将深入解析财务预测、预算、分析三大核心方法，为企业财务管理提供实用工具。

第一节　财务预测与财务决策的强化

一、财务预测的基本理论

（一）财务预测的概念

财务预测是指运用科学的理论和方法，依据过去和现在的有关资料，对组织未来各项财务活动的发展变动趋势及其结果进行的预先推测和判断[①]。任何一个组织，包括营利组织和非营利组织都可以根据需要进行财务预测。

财务预测的主体应当是财会人员、有关业务人员如销售人员等，其中主

① 李永梅，张艳红，韦德洪. 财务预测学［M］. 北京：国防工业出版社：2009：9.

要是财会人员，因为财务预测具有最大的综合性，预测的最终结果实际上是对企业未来的生产经营活动的一种综合的预先反映，即财务预测报表，而财务预测报表的编制由财会人员来完成。

财务预测是企业财务管理的重要环节，财务管理的环节包括财务预测、财务计划、财务控制、财务分析、财务检查。而企业的财务活动包括融资、投资、资金分配以及日常的资产管理等活动。融资活动的管理，包括选择融资渠道与方式和确定权益资金与债务资金的比例，这首先要对资金的需要量进行预测。投资管理主要是确定企业的投资方向，规模和期限以及对投资项目经济效益的分析和评价；投资风险的控制等。在此过程中，离不开对投资项目未来的现金流量情况进行估计，以便对项目的可行性进行评价。日常的资产管理涉及原材料的采购计划、生产计划、销售计划以及债权债务的结算等，这意味着必须对未来的销售状况、销售价格以及成本水平等进行推测，在此基础上才能进行上述工作。因此，财务预测的具体内容就是资金、成本、销售、价格等。

此外，企业的资金、销售、成本、价格的变化又是有规律的，即具有可预测性。其规律具体有：① 连续性。连续性指时间上的连续性，过去和现在的状况往往会持续到未来，如某产品的价格或某种产品的销售量。正是基于这种规律的认识，人们才有可能利用趋势预测法来预测未来的销售量或销售价格。② 相关性。财务管理的具体内容之间存在着相互依存的密切关系，如产量与成本、销售价格、销售量与销售收入的相互影响等，因果预测模型就是利用这一原理建立起来的。总之，只要人们认识了财务管理具体内容的运动规律，进行财务预测是完全可行的。

（二）财务预测的内容

财务预测属于经济预测，包括宏观财务预测和微观财务预测，从内容上看，宏观财务预测主要包括国内生产总值预测、财政收入预测、城乡居民人均可支配收入预测、社会消费品零售总额预测、居民储蓄存款总额预测；微

观财务预测主要包括价格预测、销售预测、成本预测、利润预测、资金需要量预测等。下面主要分析微观财务预测的内容（图 3-1）。

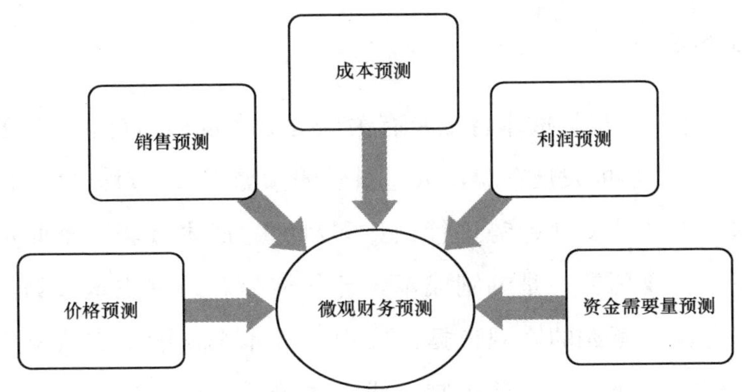

图 3-1　微观财务预测的内容

1．价格预测

价格预测主要是根据各种价格信息资料，运用科学方法，对市场价格运动状况及其变化趋势做出符合客观规律的判断和推理，为销售预测、利润预测、资金需要量及价格决策提供科学依据。如价格总水平变化的方向和幅度，零售价格水平变化与职工工资增长、居民收入关系变化趋势等。

2．销售预测

销售预测是以调查研究和数理统计的方法为基础，通过对历史销售资料及事物发展因果关系的分析，预测未来一定时间内有关产品的销售量和销售状态及其变化趋势。销售预测是企业开展生产经营活动的起点。通过销售预测，可以使决策者了解市场需求的基本动态和产品销售的一般规律，据此可确定未来时期的生产经营活动，做到以销定产，产销平衡，对产品经营做出最佳决策。销售预测是其他各项经营预测的基础。不论成本预测、利润预测还是资金预测，都直接或间接与销售预测内容和结果相联系。只有认真做好销售预测，才能更好地开展其他各项经营预测。销售预测是正确编制销售预算的依据，可根据销售预测情况来改进销售工作，使目标销售量或销售额适应未来市场发展变化需要。

3. 成本预测

成本预测就是根据成本特征及有关历史成本资料和企业现有的经济技术条件，结合今后的发展前景，采用科学的预测方法，对未来一定时间内有关成本水平及其变动趋势进行预计和测算。成本预测是全面加强企业成本管理的首要环节，是编制成本预算的前提。通过成本预测，使目标成本的确定具有可靠的客观依据，实现了成本工作的重点从事后的计算分析转移到加强成本的事前控制。成本预测是企业正确进行生产经营决策的重要步骤和依据。企业的经营发展受很多因素的影响，产品成本是其中一个重要因素。通过成本预测，能够揭示企业生产经营各个方面与产品成本之间的内在联系。因而，在企业选择最佳的决策方案时，它是不可缺少的重要依据。

在进行成本预测时，必须认真调查企业生产技术、经营管理等方面的变化情况，探讨这些变化同成本升降的内在联系，从它们的相互联系中，了解和掌握降低成本，提高经济效益的可能性，为主动控制成本提供可靠的、有科学根据的资料。成本预测一般应包括总成本水平的预测、单位成本水平的预测、各项期间费用的预测、成本费用消耗效果的预测。

4. 利润预测

利润预测是按照企业生产经营目标的要求，在销售预测，成本预测的基础上，对影响利润增减变动的各项因素作综合分析，测算企业在未来一定期间的利润水平和变动趋势。

利润作为一个综合性经济指标，受企业生产经营活动许多方面的影响，诸如产品的产销数量、质量、品种、成本等都会对利润发生不同的影响。利润预测是正确编制利润预算的重要依据。通过利润预测，可以观察利润发展

趋势，掌握利润变动规律，确定目标利润，使企业这一总体奋斗目标具有科学性、可靠性和得以顺利实现的可能性。

企业在一定期间内所获利润额的多少，是其经营的有关产品产销数量、销售价格、单位产品变动成本、固定成本总额和产销结构等多种因素相互影响、相互制约的结果，进行目标利润预测，就是要研究它们之间的关系以及各因素的变动对利润的影响。因此，利润预测要考虑企业生产经营活动许多方面的因素。

利润预测是定量预测分析和定性预测分析的结合体，它利用过去和现在的各方面统计资料和财务信息，建立数学模型，进行定量分析。然后，由决策者根据实践经验，结合未来可能发生的变化，进行定性分析，做出判断。从影响利润增减的因素来看，利润预测可分为从增产增销预测利润、从产品品种安排上预测利润、从提高产品质量上预测利润、从产品成本降低上预测利润、从产品价格的调整预测利润等。

5. 资金需要量预测

资金，作为企业生产经营活动的核心财力支撑，其需求量与企业的资产需求紧密相连，并深受企业产量、技术装备水平及管理效能的影响。因此，在特定时期内，企业的资产规模必须与其生产规模保持动态平衡。若资产过度冗余且利用效率低下，将导致资金需求量激增，进而造成资源的无谓浪费；反之，资产短缺则无法满足生产经营的基本需求，致使企业经济活动陷入停滞。鉴于此，企业必须对资金需求量及其使用效率进行前瞻性预测，以确保资金配置的科学性与合理性。资金预测工作通常涵盖资金总需求量的预估、流动资金需求量的测算，以及固定资产投资需求的预测等。

通过资金预测能合理确定资金需要量，控制资金投放时间。选择最经济方便的资金来源是资金使用的前提，通过资金预测，可综合考核各种筹资渠道和筹资方式，求得筹资方式的最优组合，以便降低资金成本，提高投资效果。

（三）财务预测的一般程序

财务预测的步骤就是在具体进行财务预测工作时，一般经过哪几个环节及其先后顺序。弄清预测的步骤，对于搞好预测工作、提高预测质量，具有重要的意义。一般来讲，预测要按以下程序进行。

1. 明确预测目标和预测对象

进行财务预测首先要明确预测的对象和目标，确定预测的对象就是从企业管理的实际需求出发，紧密结合当前的实际状况与未来可能性，明确预测的具体内容。预测目标的设定，旨在清晰勾勒出预测旨在解决的核心问题及其预期达成的目的。鉴于预测对象与目标的多样性，所需搜集的资料、采用的预测方法以及预测工作的整体流程亦将随之变化。因此，唯有先期准确锁定预测对象与目标，方能合理划定资料收集与运用的范围，科学规划预测工作的具体步骤，从而确保财务预测工作能够有的放矢、高效推进。

预测对象的选择及预测目标的明确要注意以下几点。

第一，预测对象必须是财务活动中的重要经济变量且必须是随机变量。

第二，预测人员要根据决策的需要来选择预测对象，并且根据预测对象的性质和特征，确定预测目标。这是因为预测工作是为决策提供依据的，是决策的前提。因此，预测对象的选择和预测目标分析都取决于决策要求。例如，某企业要制定下一年度企业的销售决策，企业决策层首先需要获得有关下一年度企业可能的销售预测资料。企业的销售预测主要取决于市场的需求量和本企业的市场占有率两方面因素。为此，预测人员针对这一决策需要，确定以企业所经营商品在本地区的需求量和市场占有率两项指标为预测对象，根据这一决策要求和预测对象本身的特点，具体预测目标定为：在一定的置信水平下，以定量形式给出下一年度本地区市场的需求量和企业市场占有率的预测值。

第三，当有些预测对象比较明确，但有时会因问题的复杂性而不易直接进行预测，此时需要把预测目标进一步进行分解为若干个子目标，因为识别影响某一子目标的主要因素要比笼统地分析整个问题的影响因素容易得多。例如在“小轿车发展前景预测”中，此项预测问题直接预测是有一定困难的，这时可把问题进行一定的分解，把我国小轿车市场划分为家庭私人需求和社会集团需求两大部分。

2. 分析选择预测对象的影响因素

所有的预测都以一个假设为前提，即预测对象都受到其他因素的影响，因此，预测对象确定之后，在准备建立模型之前，则需要寻找使预测对象增加和减少的各种影响因素，并且根据统计数据的可供利用情况，确定预测对象的主要影响因素（如一个企业家可能认为他的销售受到整个经济状况的影响）。或者他相信他的产品仅仅随时间而变化，也就是说，时间本身的推移影响着销售。但选择影响因素时要注意以下几点。

第一，选择的影响因素与预测对象之间应有因果、相关或确定性关系。如维修成本的主要因素应是机器的运转时间；汽车的油耗成本的主要影响因素应该是汽车的行程里程。

第二，一元回归模型的解释变量应该是预测对象的最主要影响因素。一般而言，预测对象同时受许多因素的影响，但各因素对预测对象的影响程度是不同的。其中必有一个是主要因素或最综合的因素（时间序列中的时间变量）。必须选出对预测对象影响最大或最综合且有统计数据可供利用的因素作为解释变量。如汽车的油耗成本一般受汽车的行程里程、车型、驾驶技术等因素的影响，但最主要的是汽车的行程里程。所以，如果采用一元回归模型进行预测时应该选择汽车的行驶里程作为解释变量。

第三，多元回归模型的解释变量应是对预测目标有主要影响且有统计数据的影响因素。

3. 收集、审核和整理预测信息资料

准确的调查统计资料和经济信息是财务预测的基础。在开展财务预测工作时，需广泛搜集并深入分析大量数据资料，尤其在进行定量预测时更是如此。无论是模型的识别、构建，还是后续的验证过程，均离不开数据资料的坚实支撑，其质量直接关乎预测的精准度及预测的成功与否，因此必须给予高度重视。在初步确定了预测目标及其影响因素后，应系统性地选择与预测对象及这些因素紧密相关的历史数据资料，同时，也要广泛搜集反映经济未来发展趋势的现实资料，以确保从多维度、全方位地获取所需信息。

4. 选择适当的预测方法和建立预测模型

在占有资料的基础上，进一步选择适当的预测方法和建立预测模型，这是预测准确与否的关键步骤。预测方法一般可以分为定性预测方法和定量预测方法两类，定量分析法又可以分为时间序列分析法、因果分析法和其他的财务预测法。不同的预测方法，不同的预测模型有其适应性，不同的预测对象、预测目标对预测的方法的要求不同，即使是同一预测目标，也并非使用同一的预测方法。因此，选择预测方法时并无统一的标准，只能根据预测目的、信息资料、预测的费用、时间等具体情况，进行综合分析，权衡利弊，做出最佳选择，一般来说，选择时应考虑以下几点。

（1）根据适用范围选择预测方法

每种预测方法都有一定的适用范围，必须按适用范围正确选择预测方法。一般而言，定量预测方法适宜于短期和中期预测；定性预测方法，例如特尔菲法适宜于长期预测；指数平滑法适宜于不具有趋势、季节性变动的短期预测；一元线性回归预测法适宜于因变量与某一自变量之间存在线性关系的中期预测。

（2）根据数据资料选择预测方法

数据资料在预测方法的选择过程中扮演着至关重要的角色，它不仅是所有预测方法实施的必要基础，而且其质量直接决定了预测结果的精确度。预测者必须基于所掌握的资料特性，来甄选与之相匹配的预测方法。在资料不够完备或准确性欠佳的情况下，定性预测方法成为更为合适的选择。例如，对于新产品的价格预测，由于历史统计资料的匮乏以及市场上缺乏可参照的价格信息，采用定性预测方法能够更为灵活地应对这种不确定性。相反，当手头资料详尽且准确度高时，如企业的产品销售量、产品成本等数据，定量预测方法则能发挥更大的优势，通过构建数学模型进行深入的定量分析。然而，为了全面考虑那些难以量化的因素，定量预测之后仍需结合定性分析，经过综合调整方能得出最终预测结论。

（3）根据预测要求选择预测方法

在进行定量预测时，时间序列预测法与因果预测法的选择不仅取决于所掌握的资料情况，还需紧密围绕分析的具体要求。若仅掌握与预测对象相关的某一经济统计指标的时间序列资料，且分析需求仅限于简单的动态趋势分析，那么时间序列预测法将是更为恰当的选择。而当手中拥有与预测对象相关联的、多种相互依存的经济统计指标资料，并且分析需求涉及复杂的依存关系剖析时，因果预测法则能提供更深入、更全面的分析视角。因此，在选择预测方法时，预测者需综合考虑资料特性与分析需求，以确保预测结果的准确性和有效性。

5. 检验与修正预测分析结果

利用所搜集的数据，采用所选择的预测方法，计算出理论模型中参数的具体数值。但是建立的理论模型往往以一定的假设为前提，因此，预测结果与将发生的实际情况存在一定的误差，所以，对利用理论模型计算的数值还要进行一定的检验和修正，这样才能使预测结果具有可行性。

这一步是对初步预测结果的可靠性和准确性进行验证，估计预测误差的大小。预测误差越大，预测准确度就越小，而误差过大，就失去了预测应有的作用。此时，应分析原因，修改预测模型。同时，进行统计检验，看预测对象的影响因素是否有了显著变化，看过去和现在的发展趋势和结构是否能延续到未来，如果判断是否定的，就应对预测模型做必要的修改。在分析评价的基础上，修正初步预测值，得到最终的预测结果。通过预测能解决一些问题，但再好的预测也存在着未能预测情况，因而预测值与实际值总会有一定的误差。

6. 编制财务预测报告

在预测方法、预测模型的选择以及进行预测以后，预测人员还应编制财务预测报告，其内容包括预测的研究的主要过程，列出预测目标、预测对象及有关因素的分析结论、主要资料和数据、预测方法的选择和模型建立等，预测报告递交给有关部门，作为编制计划、进行决策的依据。

（四）财务预测的常用方法

财务预测问题主要是如何估计变量在未来某个目标时点的值，但是具体进行这种估计时因为所利用的许多变量之间的对应关系和公式不同，所以有许多不同的预测方法，但归纳起来，可以分为定量分析法和定性分析法两大类。

1. 定量分析法

定量分析法主要是根据过去的比较完备的统计资料，运用一定的数学方法进行科学的加工处理，借以充分揭示有关经济变量之间的规律性的联系，作为预测的依据。社会经济现象之间在数量上存在着相互依存关系，这种依存关系一般存在着两种类型：一是函数关系，函数关系是一种确定性的关系；二是相关关系，即现象之间的依存关系。定量分析法相应地又可分

为以下几种。

时间序列预测法是以一个指标本身过去的变化作为预测的依据，这意味着把未来作为“过去历史的延伸”。这类预测方法是建立在预测对象的变化仅与时间有关的基础上，然后根据它的变化特征，依据惯性原理，将目前和将来仍然起作用的延伸趋势作为预测未来的依据。这类方法的运用有两个重要的假设，一是被预测对象的将来发展情况与该事物历史情况一样随时间延伸而变化；二是各种因素对预测对象的综合影响在预测时间段内不会发生突变。时间序列预测法主要有：简单递推预测法、简单算术平均法、加权算术平均法、移动平均法、趋势平均法、指数平滑法、直线趋势法、季节指数法等。

因果预测法是依据变量之间的因果关系，建立相应的因果预测模型，利用模型对所研究的经济对象进行预测和分析，进而为经济决策提供依据。因果预测法包括一元线性回归预测法、多元线性回归预测法、非线性回归预测法。

在财务预测中除时间序列预测法和因果预测法以外，还常用到本量利分析法、销售百分比法、比率分析法等。这类预测方法是根据变量之间的确定性关系建立预测模型，通过预测模型中的其他变量进而确定预测对象的值。

2. 定性分析法

定性分析法是一种依赖于领域专家经验和知识的方法，它依靠那些熟悉特定情况与业务流程的专家，基于他们过往的实践经验进行深度分析与判断，进而提出对未来趋势的预测见解。这些专家的预测随后会通过特定的整合方式，如加权平均、投票表决等，被综合成一份统一的预测报告，作为决策制定的关键参考。此方法在统计数据不完备，或者关键影响因素难以通过量化手段进行精确分析的情境下显得尤为实用。它包含多种形式，如通过直接调研市场需求的市场调查法，依靠专家个人判断的判断分析法，汇集多方意见的集合意见法，以及采用匿名反馈与多轮迭代预测的特尔菲法等，这些方法共同构成了定性分析法的丰富体系。

二、企业财务决策

（一）财务决策的概念界定

根据《现代汉语词典》的解释：“财”是钱和物资的总称，“务”是事情；财务是“有关钱和物资的事情”，决策是“制定方针、策略或方法”。因此，从字面意义上来理解，财务决策就是“对有关钱和物资的事情制定行事的方针、策略或方法。”[①]可见，财务决策是一个宽泛的概念，凡是与钱和物资有关的问题的确定，都属于财务决策的范畴。具体到企业的财务管理活动来说，财务决策涉及对企业合法拥有或依法控制的资金、物资及其相关经济活动的策略规划与方法制定。这一过程不仅要求制定明确的行事方针，还需对决策过程中产生的经济关系进行有效沟通与协调。从本质上讲，财务决策是企业在财务管理目标的指引下，基于财务预测的结果，对多个财务活动方案进行制定、评价，并最终选择出最优方案的过程。作为整体企业决策体系的重要组成部分，财务决策在财务管理中占据着举足轻重的地位。它依托于财务预测的数据支持，为后续的财务预算编制与财务控制活动奠定了坚实的基础，确保了企业财务活动的有序开展与高效运行。

（二）财务决策的不同分类

1. 按决策影响的时间划分

按决策影响的时间划分，可分为长期决策和短期决策。

---

① 韦德洪. 财务决策学［M］. 北京：国防工业出版社，2015：3.

长期决策是指影响所及时间超过一年的决策，关系到企业今后发展的长远性和全局性，因此又称为战略决策，如资本结构决策、项目投资决策等。

短期决策是指影响所及不超过一年的决策，是实现长期决策目标所采取的短期策略手段，如短期资金筹集决策、闲置资金利用决策等。

2. 按决策结果的确定程度划分

按决策结果的确定程度划分，可分为确定型决策、风险型决策和非确定型决策。

确定型决策是指未来的财务活动和财务关系状态在已完全确定的情况下的决策。这种决策的任务是计算分析各种方案得到的明确结果，从中选择一个最佳方案。确定型决策所处理的未来事件有一个最基本的特征，就是时间的各种自然状态是完全稳定且明确的。由于不同方案的财务活动和财务关系及其结果可以明确计算，因此确定型决策一般采用定量分析方法进行决策。

风险型决策所处理的未来财务活动和财务关系具有两个最基本特征：一是未来财务活动和财务关系的各种自然状态的发生完全具有随机性质——可能发生也可能不发生，从而需要制定针对各种自然状况可能发生的多种方案；二是未来财务活动和财务关系的各种自然状态的概率可以从以往的统计资料中获得，即已知其概率的经验分布。风险型财务决策主要通过对风险报酬的计算和分析来制定和选择最优方案。

非确定型决策的特点是，不仅不知道所处理的未来财务活动和财务关系在多种特定条件下的明确结果，甚至可能的结果及各种结果发生的概率都不知道。如某个项目是否应该投资、某种设备和技术是否应当购买等，由于尚未获得必要的统计资料，因而无法确定这些事件未来各种自然状态发生的概率。在这种情况下，由于信息不全，往往给财务决策带来很大的主观随意性，但也有一些公认的决策准则可供选择方案时参考。

3. 按决策的问题是否重复出现划分

按决策的问题是否重复出现划分，可分为程序化决策和非程序化决策。

程序化决策是指针对不断重复出现的例行性经济活动，根据经验和习惯确立一定的程序、处理方法和标准，经济业务实际发生时，依据既定程序、方法和标准作出的决策。如企业存货采购和销售、应收款项信用的确定、现金与有价证券转换等。程序化决策所涉及的业务经常重复出现，并有一定规律，通常可以通过形成企业内部财务制度的形式确定下来。例如，企业可以通过制定存货的采购和销售政策、信用政策、现金管理政策等，对程序化决策所涉及的业务进行规范，并据此做出决策。

非程序化决策是指针对特殊的非例行性业务，专门进行的决策。在企业的财务决策活动中，有些决策活动具有独特性，不会重复出现，它们具有创新的性质，每个问题都与以前的问题不同，这类活动称为非例行活动。例如，新产品开发、多种经营的决策、工厂的扩建、对外投资活动等。这类财务决策活动的特点是非重复性和创新性，没有统一的模式可以借鉴。由于每次决策都与以前不同，不能程序化，只能针对具体问题，按照收集情报、设计方案、抉择和实施的过程来解决。

4. 按决策方法与程序的不同划分

按决策方法与程序的不同划分，可分为定性决策和定量决策。

定性决策是指根据决策者的知识和经验所作出的决策。它是决策者在掌握预测信息的前提下，通过判断事物所特有的各种因素、属性，通过经验判断、逻辑思维和逻辑推理等过程进行决策的方法。其主要特点是依靠个人经验进行综合分析对比后做出的主观判断，因而往往不需要利用特定数学模型进行定量分析。定性决策主要用于影响因素过多或目标与影响因素之间难以量化的决策。

定量决策是指通过分析事物各项属性的数量关系进行的决策，其主要特

点是在决策的变量与目标之间建立数学模型，利用数学模型对备选方案进行数量分析，根据分析结果判断备选方案是否可行以及选择最优方案。定量决策主要用于决策目标和影响目标实现的因素之间可以用数量来表示的决策。

5. 按决策是否考虑资金时间价值因素划分

按决策是否考虑资金时间价值因素划分，可分为静态决策和动态决策。

静态决策是指不考虑资金时间价值因素的决策。资金时间价值与时间跨度的大小成正比，当决策方案影响的时间期间较短时，资金时间价值比较小，甚至可以忽略不计，因此，短期决策一般使用静态决策法。此外，静态决策具有计算简单、便于理解的优点，有时也作为长期决策的补充方法。

动态决策是指考虑资金时间价值的决策。由于动态决策考虑了资金的时间价值，同时，在对未来的现金流量进行折现的过程中，考虑了风险因素，因此动态决策主要用于长期决策。

（三）财务决策的多种方法

由于财务决策是财务预算的前提，财务预算又是通过财务活动来体现，因此，财务决策的正确与否直接关系到企业财务活动是否符合财务目标；又由于财务目标关系到企业的成败，因此应当重视财务决策方法的运用。财务决策问题的复杂性，决定了决策方法也是多种多样的。根据决策结果的确定程度，可以把决策方法分为：确定型决策方法、风险型决策方法及非确定型决策方法。

1. 确定型决策方法

确定型财务决策方法通常与特定决策领域的专业知识紧密相连。鉴于此类决策方法所面对的决策结果具有确定性，且决策问题的结构相对明晰，因此，我们可以依据决策因素与决策结果之间的量化关系，构建数学模型，并据此进行决策。近年来，财务与决策理论的持续完善，为确定型决策方法提供了丰富的理论支撑和成熟模型。一般来说，这些方法涵盖优选对比法、数学微分法及线性规划法等。

（1）优选对比法

优选对比法，即依据预设标准对多种备选方案进行排序，并通过深入的经济效益剖析来识别并选定最为优越的方案。该方法在实践应用中可细分为：总量分析、差量分析以及指标对比分析。总量分析法侧重于全面审视各方案的总体经济表现，包括总收入、总成本及总利润的对比，以此为基准判定最优方案。差量分析法则着重于不同方案间预期收入与成本的差异分析，通过计算差额利润为决策提供依据。而指标对比法则更深入地利用反映方案经济效益的各项关键指标，诸如长期投资决策分析中的净现值、内含报酬率、现值指数等，进行细致比对，从而科学筛选出最优方案。

（2）数学微分法

数学微分法是依据边际分析原理，运用微分技术解决曲线极值问题，从而确定最优决策。在此方法中，若以成本为判断标准，则寻求最小值；若以收入或利润为判断标准，则寻求最大值。在财务决策领域，如最佳资本结构、现金最佳余额及存货经济批量的确定，均会用到此方法。

（3）线性规划方法

线性规划法是基于运筹学原理，解决具有线性关系的极值问题，以找出最优方案。管理实践中的许多问题，如生产计划安排，都可在资源有限条件下寻求目标最优化，这即是一个规划问题。实际应用中，规划问题的关键在于将现实问题抽象为数学模型，即建模。建模的难度随问题复杂度而异，虽然许多线性规划问题已模型化、标准化，但仍有大量新问题需不断探索和解决。线性规划的方法包括图解法和单纯形法，其求解通常借助计算机应用软件完成。

2. 风险型决策方法

风险型决策，亦被称作随机决策，涉及的是一种特定情境：虽然未来并非完全确定，但相关变量的未来可能状态及其出现的概率却是可以提前预估的。在此情境之下，决策者所规划的每一项行动策略，都有可能遭遇一个甚至多个自然状态的影响，而这些状态将会指引决策走向不同的结果路径。尤为关键的是，这些结果的发生概率与各自然状态的出现概率之间存在着直接的关联。

针对风险型决策，概率决策方法凭借其科学性成为主流选择。概率决策法建立在详尽了解各策略可能结果及其概率分布的基础之上，它运用概率论的原理，精确计算每个策略的期望收益与标准差系数。这两项指标共同构成了评估策略可行性的重要依据，为决策者提供了科学的判断基础。在财务管理的复杂环境中，概率决策法通过概率的形式，将各种潜在的不确定性因素纳入决策框架之内，确保了决策的全面性和准确性。无论是面对多期投资项目的选择，还是在净现值计算中预测未来现金流量的波动，抑或是期权价值评估中对未来股价的合理预估，概率决策法都发挥着举足轻重的作用。它不仅提升了决策的科学性，也为财务管理实践中的风险管控提供了有力支持。

3. 不确定型决策方法

在企业的财务决策中，决策者时常会面临一系列罕见或突发性的挑战，这些事件的未来走向在决策的关键时刻往往难以进行精确预测与判断。具体而言，尽管决策者能够认识到事物可能发展出的多种潜在状态，但对于这些状态实际发生的可能性却往往缺乏准确的信息与依据，这种情境在学术上被明确界定为不确定型情况。以实际决策问题为例，如某种新产品是否应投入生产、某种新设备是否值得购置等，这些均属于典型的不确定型决策范畴。受限于企业所处环境的复杂多变以及内部资源（涵盖人力、财力、物力和时间等多个维度）的有限性，决策者有时难以开展全面而深入的市场调研与预测工作。因此，他们无法确切地判定这些事件将会呈现出何种自然状态，以及各状态发生的具体概率分布。在此背景下，决策者不得不在高度不确定性的环境中做出艰难抉择。他们虽然能够清晰地认识到可能出现的各种自然状态，但无法准确地确定这些状态各自的发生概率。此类决策问题，被学术界统称为不确定型决策。它要求决策者在信息缺失、概率不明的复杂条件下，充分依托自身的经验积累、直觉判断以及风险偏好，努力寻求并做出最为合理的选择。

不确定型决策方法一般包括乐观决策法、悲观决策法、折中决策法和后悔值决策法等。

（1）乐观决策法

乐观决策法，作为一种在结果不确定性条件下的决策策略，其核心在于秉持一种积极、乐观的态度，从诸多备选方案中挑选出最为理想的决策路径。该方法的理论基础在于，决策者倾向于对客观自然状态持乐观预期，当面对以收益最大化为目标的决策场景时，其首要任务是识别出各方案所能实现的最大收益值，并进一步从这些最大值中筛选出最大者，将其对应的方案视为最优选择。此情形下的乐观决策法，亦被称作“最大最大收益值法”。相应地，在考量损失时，该方法则主张从各方案可能导致的最小损失值中，挑选出损失最小的一项，此时又称之为“最小最小损失值法”。

乐观决策法的本质，在于将各方案所能达到的最大收益或最小损失视为必然发生的状态，从而巧妙地将原本充满不确定性的决策问题，转化为确定型问题进行处理。然而，这种方法不可避免地带有一定的冒险色彩，因为它完全基于最理想的情况进行考量，从而可能使决策者面临较大的风险暴露。尽管如此，乐观决策法仍有其适用场景，特别是在那些经济实力雄厚或专注于风险投资的企业中。对于这类企业而言，即便采用最大最大策略所选出的最优方案最终未能如愿，其强大的经济实力也足以承受由此带来的冲击。而一旦决策成功，则可能为企业带来极为可观的收益回报。

（2）悲观决策法

悲观决策法，与乐观决策法截然相反，其思想根基深植于对客观情境的悲观预期之中。在决策者眼中，未来充满不确定，且往往预示着更为严峻的挑战，他们坚信，在诸多可能的自然状态中，最坏的情况极有可能发生。换言之，无论选择何种方案，都需做好迎接最小收益的心理准备。因此，悲观决策法便是在这种结果高度不确定的环境下，采取一种极为谨慎，甚至是保守的态度，来挑选最为悲观或稳妥的决策路径。

在追求收益最大化的决策场景中，悲观决策法要求决策者必须从最不利的角度出发，遵循稳健的决策原则。具体而言，就是从所有行动方案的最小收益中，挑选出收益值相对最大的一项作为最终决策。这种方法亦被形象地称为“最小最大收益值法”。而当目标转向损失最小化时，该方法则转变为从可能导致最大损失的方案中，寻找损失相对最小的一项，即“最大最小损失值法”。

悲观决策法通常更受风险厌恶型企业的青睐。对于那些抗风险能力较弱，或即便采取保守策略也能维持盈利的企业而言，它们更倾向于采用这种决策方法。在这类企业看来，悲观决策法不仅是一种风险防控手段，更是确保企业稳健前行、持续盈利的重要策略。

（3）折中决策法

乐观决策与悲观决策，作为两种极端的决策方式，分别基于最佳与最差的可能性进行抉择，前者倾向于过度乐观，而后者则显得过分谨慎。为弥补这两种方法各自的极端性缺陷，折中决策法应运而生。该方法的核心在于，通过引入“乐观系数”这一调节机制，对潜在的最大及最小收益（或损失）进行适度调整，进而计算出一个更为均衡、折中的收益值。在此基础上，通过对比各方案折中后的收益值，选定最大折中收益值对应的方案作为最终决策。

从本质上看，折中决策法是一种指数平均方法，其评价标准巧妙地介于最小收益值与最大收益值之间，而乐观系数则扮演了权重指数的关键角色。

然而，该方法的应用难点在于如何准确确定乐观系数。由于乐观系数与企业的风险偏好紧密相连，因此，通过对企业历史决策行为的深入分析与统计，我们可以对企业的乐观系数进行较为准确的估算，从而为折中决策法的有效实施提供有力支持。这一方法不仅融合了乐观与悲观决策法的优点，还通过引入乐观系数实现了对决策风险的有效平衡，为财务管理决策提供了新的思路与工具。

（4）后悔值决策法

后悔值决策法，作为一种着眼于规避潜在遗憾的决策策略，其核心在于决策者对于决策结果未达预期时可能产生的心理后悔感的考量。该方法旨在通过最小化这种后悔感，来指导决策过程。具体而言，后悔值是通过将各自然状态下的最优结果设定为理想标杆，进而计算该状态下其他结果与这一标杆之间的差距来确定的。在运用后悔值决策法时，决策者需遵循一系列严谨步骤：首先，明确各种自然状态下的最优结果；其次，针对各决策方案，在不同自然状态下分别计算其后悔值；最后，通过对比各方案的最大后悔值，选择后悔值最小者作为最优决策方案。此方法巧妙地将心理学中的后悔概念融入财务管理决策中，为决策者提供了一种新的视角和工具，以更加全面、细致地评估决策风险与潜在遗憾。

第二节　财务预算管理的有效应用

企业财务预算实质是成本控制，旨在以最少的资金投入，实现项目质量的最优化。伴随时代的不断演进，财务预算工作逐渐呈现出信息化、多元化的鲜明特征，这既为企业财务预算管理带来了前所未有的机遇，也带来了严峻的挑战。因此，为推动企业的持续发展与社会的进步，企业必须着眼未来，不断健全预算管理体系，强化监管效能，以此提升企业的社会形象与经济实力，确保在激烈的市场竞争中立于不败之地。

一、财务预算管理的要求及作用

企业在发展过程中，需要紧密结合自身实际状况及外部环境的变化，全面评估各类潜在风险，并据此制定具有前瞻性和针对性的战略发展目标，或是设定阶段性的具体任务。在致力于实现这些战略目标的同时，企业还需强化对自身的监管力度。其中，财务预算管理作为关键一环，承担着在财务维度上合理配置资源、对员工进行绩效考核与评价以及监督企业资金流动等多重职责。通过采用科学合理的预算管理方法，企业能够实现对资金流动的精准监控，有效避免资金流向不明的问题，进而提升整体管理水平，确保企业能够稳健前行，保持持续发展的良好态势。

（一）财务预算管理的基本要求

资金，作为企业发展的命脉，在生产运营与项目实施的各个环节中均发挥着重要的作用。从原材料采购、人力资源配置到设计方案确定，无一不需精准的预算支撑。因此，企业财务预算管理成为企业生存与发展的基石。以下是对企业财务预算管理基本要求的深入剖析。

首先，企业在着手进行某一工程的预算编制前，必须对自身的发展现状进行全面审视。这包括资金储备是否充裕、技术实力是否满足项目需求，以及面对突发状况时的应对能力。企业应坚持预算与实际相结合的原则，制定出既符合自身条件又切实可行的预算计划。预算计划的制定不仅关乎项目的顺利实施，更直接影响到企业的整体运营。因此，企业需要不断对预算进行细化与优化，确保计划的合理性与可行性。

其次，在工程的招投标过程中，企业应将预算与战略目标紧密结合。通过选择与企业战略目标相契合的工程项目，实现目标与行动的统一。这不仅有助于提升项目的成功率，更能为企业的长远发展奠定坚实基础。

最后，企业的预算管理工作应具备全面性与动态性。以建筑企业为例，在预算管理之初，企业需对建筑所需的所有材料进行全面了解，如水泥、骨料、石灰、钢筋、钢管等，以确保预算的准确性。同时，由于市场价格的波动性，企业还需在预算管理中融入动态调整机制。通过密切关注市场动态，及时调整预算方案，以应对材料价格的变化，从而确保预算管理的合理性与有效性。

（二）财务预算管理的作用体现

财务预算管理的有效实施对于提升企业的整体运营效率和风险管理能力具有不可估量的价值。通过科学合理的预算规划与控制，企业能够确保资源的优化配置，实现财务目标的最大化。

1. 确保企业决策的科学性与合理性

在着手实施任何工程项目之前，企业都必须进行详尽的财务预算分析，以准确评估项目所需的资金规模。这一过程不仅有助于企业清晰认识自身的财务实力，还能为项目的可行性提供有力依据，从而确保企业决策的科学性与合理性。在项目实施过程中，财务预算需全面渗透至各个环节，通过精细化的预算管理，企业能够更准确地把控成本，实现资源的优化配置，进而在保障项目质量的同时，最大限度地节约开支。

2. 加速财务目标的实现进程

企业财务目标的设定对于企业的长远发展具有举足轻重的意义。通过制定明确的财务目标，企业能够激发员工的内在动力与工作热情，进而提升整体的工作效率与财务管理水平。财务预算管理的有效实施，不仅能够为财务目标的实现提供坚实的保障，还能在一定程度上加速其实现进程，助力企业在激烈的市场竞争中脱颖而出。

3. 全面提升企业的综合管理水平

资金作为企业发展的核心要素，其管理效率直接关乎企业的生死存亡。在企业的成长过程中，资金的积累与运用是提升核心竞争力的关键所在。然而，市场环境的复杂多变使得企业在经营过程中难免遭遇各种风险与挑战。此时，财务预算管理便显得尤为重要。通过建立健全的财务预算管理体系，企业能够更好地应对各种突发情况，降低经营风险，从而在全面提升企业管理水平的同时，为企业的稳健发展奠定坚实基础。

二、财务预算管理的强化举措

企业作为构成国家经济实力的微观基础，其成长与发展直接关乎国家经济的整体进步。在中国特色社会主义市场经济体制下，我国近年来经济建设取得了显著成就。为了维持并推动经济的持续稳定增长，企业必须高度重视并强化财务预算管理。有效的财务预算管理不仅能够保障企业自身的良性运营与健康发展，更是促进国家经济稳步增长、助力社会主义现代化强国建设的重要途径。因此，加强企业财务预算管理，既是企业自身发展的需要，也是对国家经济发展战略的积极响应与贡献。

（一）构建完善的预算管理体系

尽管现有企业财务预算管理中已存在预算管理体系，并在一定程度上发挥了积极作用，但不可忽视的是，部分企业的预算管理体系仍显得相对落后，难以适应现代企业管理的需求。因此，为切实提高企业预算管理水平，首要任务在于构建一个全面且先进的预算管理体系。这一体系的建立，旨在为预算管理提供一个高效、有序的环境，通过强化预算管理人员的职责与权限，促使其形成正确的管理观念。在具体实施上，针对项目预算过程中可能出现的数据收集不全、预算误差较大等问题，企业应在预算团队内部增设专项预算小组，负责对各类材料、设备等进行细致入微的预算分析，并在此基础上实现预算的整合与汇总。同时，为确保预算管理的全面性与准确性，企业各部门需加强协同合作，形成全员参与、全面支持的预算管理氛围，从而构建起一个紧密相连、高效运作的预算管理体系。

（二）强化财务预算执行力度与人员管理能力

企业财务管理的精髓在于其准确性与严谨性，这要求企业在预算管理人员的选拔与培养上投入更多精力。首先，在招聘环节，企业应提高预算管理岗位的准入门槛，确保录用人员具备扎实的专业基础与良好的职业素养。随后，通过系统化的培训计划，不仅向预备人员传授企业文化与预算管理理论知识，更需注重实践技能的锻炼，实现理论与实践的深度融合，培养出既懂理论又善实践的复合型人才。此外，培养预算管理人员的正确意识至关重要，应引导其树立严谨、公正的预算管理观念，确保在预算工作中能够坚守原则、秉持公正。随着时代的不断发展，企业还需不断更新培训内容，使预算管理人员紧跟时代步伐，掌握最新的预算管理理念与技术手段，为企业的持续发展与进步提供坚实的人才支撑。

（三）加强预算反馈控制

在预算人员执行预算流程时，为确保过程的透明度与管理的严谨性，实施预算实际监控与反馈控制机制显得尤为重要。这一机制能够有效提升预算的精确度，为企业的财务决策奠定坚实基础。当前，随着信息化技术的蓬勃发展，预算反馈过程应充分利用现代科技手段，如通过先进的信息化设备实时追踪产品的生产、销售及其他关键阶段，实现信息的迅速反馈。这种即时性的信息反馈不仅加快了决策部门的响应速度，还极大地提升了预算管理的效率与准确性。

（四）细化财政预算管理内容

传统的财政预算管理往往缺乏足够的细致度，导致预算误差偏大，预算管理成效不显著。因此，当前亟须对财政预算管理内容进行深化与细化。在预算编制方式的选择上，企业应综合考虑自身实际情况，灵活采用上下结合、自上而下或自下而上等策略，以确保预算编制的合理性与科学性，进而实现企业资源的优化配置。同时，在强化工程预算管理的过程中，企业应注重措施的可行性与实践性，避免空谈而需付诸行动。为此，未来工程项目应加大财务预算的普及力度，确保预算管理渗透到工程的每一个环节，从而实现预算管理的全面覆盖与精细化运作。

总之，对于一个企业来说，资金是其发展的根本，在进行每一项工程或者任务之前，均需要进行合理的财务预算，以大致了解成本的高低以及效益的多少，对企业的发展至关重要。

第三节　财务分析及其体系构建

随着我国经济的不断发展，现代企业面临着前所未有的竞争挑战，唯有通过不断的改革与创新，方能在激烈的市场竞争中占据优势地位。财务分析作为企业管理的重要组成部分，同样需要与时俱进，不断强化其分析能力与深度，以更好地适应社会经济环境的变化，确保财务分析目标的顺利实现，进而充分发挥财务管理在企业运营中的核心作用。

一、财务分析概述

财务分析是依据企业财务报表及相关资料，运用特定的分析技术和方法，深入剖析企业的财务状况与经营成果，旨在为投资者、债权人、经营者及其他信息需求者提供全面、准确的信息支持。通过财务分析，各方可深入

了解企业历史表现，客观评价当前状况，并科学预测未来发展，从而为决策制定与价值评估提供坚实依据。

（一）财务分析的意义体现

做好财务分析具有以下的意义。

第一，通过财务分析，可正确评价企业过去财务状况和经营成果。通过对企业的财务报表、财务报表附注和其他资料进行分析，可以了解企业的财务风险状况、营运能力和盈利能力，便于企业管理者和其他财务报表使用者了解企业财务状况和经营成果，同时也能够帮助企业管理者找出企业存在的问题及产生的原因，合理评价经营者的工作业绩，提高企业管理水平。

第二，财务分析是实现企业财务管理目标的重要手段。虽然对企业的财务管理目标的内容理解不同，有以利润最大化为目标、以每股收益最大化为目标、以股东财务最大化以及企业价值最大化等多种观点，企业财务管理的目标都需要增加利润实现财务管理目标。通过对企业的生产经营情况进行财务分析，了解企业的盈利能力和资金周转情况，帮助企业找出财务风险所在，改善财务状况。通过对企业成本、收入情况进行分析，帮助企业找出扩大财务成果的内部潜力，促使企业按照实现财务管理的目标实现良性运行。

第三，财务分析是信息使用者做出决策的重要步骤。财务分析作为一种专业手段，能够向企业外部的投资者、债权人及其他信息需求者提供全面且详尽的会计信息体系。它深入揭示企业的财务状况、经营成效及现金流量状况，为投资者的投资决策、债权人的信贷决策以及其他经济活动的决策制定提供了不可或缺的信息支撑与依据。

（二）财务分析的主要目的

企业公开发布的财务报表，是企业信息使用者重要的信息来源。信息使

用者不同，财务分析的目的也不同，因此财务信息使用者要从中选择自己需要的信息，从特定的角度出发，重新组合并研究其相互关系，以满足特定决策的需要。

投资者或潜在的投资者关注企业的盈利能力、权益结构和资本的保值增值能力。对于一般投资者而言，更关注股息、股利的发放。而企业的债权者更关注企业的偿债能力，关心其对企业的借款或其他债权和相应的利息是否能及时、足额收回。对于企业的经营者而言，关注的重点是企业盈利情况、资产结构、营运状况与效率等，以便及时发现生产经营中存在的问题与不足，并采取有效措施解决这些问题。对于其他的信息相关者，如材料供应（信用）商更关心企业的信用状况，包括商业上的信用和财务上的信用。而国家监督部门的关注点在于监督检查政策执行情况和保证企业财务会计信息和财务分析报告的真实性、准确性，为宏观决策提供可靠信息。

（三）财务分析的一般内容

第一，偿债能力分析。偿债能力，即企业以其资产有效清偿到期债务的能力，是衡量企业财务健康状况与风险水平的关键指标。通过对企业财务报表等资料的深入剖析，可以洞察企业的资产流动性状况、负债结构以及实际的债务偿还能力，进而对企业的财务状况与潜在财务风险做出全面评估。这一过程为企业管理者、投资者及债权人提供了关于企业偿债能力的精准财务信息，以支持其做出明智的决策。

第二，营运能力分析。营运能力反映企业对资产的利用和管理的能力。营运能力主要指企业营运资产的效率与效益。企业营运资产的效率主要指资产的周转率或周转速度。企业营运资产的效益通常是指企业的产出额与资产占用额之间的比率。通过对营运能力的分析可评价企业资产营运的效率、可发现企业在资产营运中存在的问题。营运能力分析是盈利能力分析和偿债能力分析的基础与补充。

第三，盈利能力分析。盈利能力是指企业获取利润的能力。企业要生存和发展，必须获取利润。利润是投资者取得投资收益、债权人收取本息的资金来源，是经营者经营业绩和管理效能的集中表现。投资者和债权人都非常关心企业的盈利能力。

第四，发展能力分析。企业的发展能力，也称企业的成长性，它是企业通过自身的生产经营活动，不断扩大积累而形成的发展潜能。通过对企业的发展潜力进行分析，预测企业的经营前景，从而为企业管理者和投资者进行经营决策和投资决策提供重要的依据。

第五，财务综合分析。财务综合分析是一种系统性的分析方法，它整合了对企业营运能力、偿债能力及盈利能力的多维度考察，旨在全面剖析企业的财务状况与经营绩效，进而为评估企业财务管理效能及经营业绩提供综合、详尽的信息支持。

二、科学化财务分析体系构建的策略

（一）明确企业财务分析体系的重要性

在着手构建企业财务分析体系的过程中，首要任务是促使管理者及全体员工深刻领悟财务分析体系对于企业长远发展的至关重要性。这要求我们不仅要明确财务分析所涵盖的具体内容，如财务状况分析、经营成果评估及现金流预测等，更要深入理解财务分析在指导企业战略决策、优化资源配置及提升整体竞争力方面的核心作用。基于此，企业应致力于构建一个既符合自身特点又高效运行的财务分析系统，以确保财务分析能够真正发挥其应有的价值。

（二）运用科学的财务分析方法

在部分企业中，财务分析方法的运用往往显得较为单一且缺乏深度。为

提升财务分析的质量与准确性，有必要将微观经济学中的经济分析原理与财务数据紧密结合，从而形成更为科学、全面的财务分析框架。以收益性分析法为例，该方法着重考察企业获取利润的能力，而传统的损益表仅能提供盈亏的绝对值，难以揭示背后的因果关系及财务状况的深层次评价。因此，企业应借助财务报表中各项目之间的内在联系，进行深入细致的财务分析，以准确评估企业的收益性水平。高收益性不仅意味着企业能够获得丰厚的经济回报，更彰显了其资产与资本结构的合理性以及经营活动的高效性，这些均为企业稳健发展奠定了坚实的基础。通过采纳此类先进的财务分析方法，企业能够更精准地把握自身的财务状况与经营成果，为未来的战略决策提供有力支持。

（三）不断提高财务人员的专业素质

在构建财务分析体系的复杂过程中，高素质的财务人员扮演着至关重要的角色。面对当前存在的诸多挑战与问题，企业必须深刻认识到，提升自身财务团队的专业素质与综合素养，是构建有效财务分析体系的内在要求。为此，企业应从内部管理入手，采取切实有效的措施。一方面，要坚决剔除那些专业能力不足、无法胜任财务分析工作的低素质人员，确保财务团队的整体实力；另一方面，则需定期组织专业培训与学习交流活动，使财务人员能够及时掌握最新的财务理论、方法与技术，紧跟时代发展的步伐。

为了进一步增强财务人员的学习动力与自我提升意识，企业还应建立一套科学合理的考核机制。通过设定明确的奖罚标准，对财务人员的绩效进行客观评价，以此激发他们积极进取、不断学习的热情。毕竟，财务分析体系的构建与完善，最终需要依靠财务人员的专业能力与深入洞察。他们要对企业的财务状况进行全面、细致的分析，为企业的未来发展提供科学、合理的规划与策略建议。因此，从这个角度来看，提高财务人员的专业素质水平，不仅是构建高效财务分析体系的必要条件，更是推动企业实现可持续发展的前提和基础。

（四）增强价值管理，科学化财务分析

在当前复杂多变的经济环境下，经济增加值（EVA）作为衡量企业经营绩效的重要财务指标，其重要性日益凸显。因此，在构建财务分析体系时，企业应充分融入 EVA 理念，不断健全和完善与之相关的分析机制。EVA 的引入，能够促使企业经营者从传统的利润导向思维中跳出，转而更加关注企业的资本成本及资金使用效率。这一转变对于提升企业资金收益率、优化资本结构、实现可持续发展具有深远的意义。

为实现这一目标，企业应首先确立以 EVA 为核心的价值管理体系，将其贯穿于财务分析的全过程。通过细化 EVA 的计算方法、明确其构成要素，以及深入分析 EVA 变动背后的原因，企业可以更加精准地把握自身的经营状况及盈利能力。同时，企业还应将 EVA 指标与其他财务指标相结合，形成一套全面、科学的财务评价体系，以更加客观、全面地反映企业的财务状况及经营成果。此外，企业还应加强对于 EVA 理念的宣传与培训，确保全体员工都能深刻理解其内涵及重要性，从而共同推动企业财务分析的科学化进程。

第四章　财务风险管理与预警机制研究

在复杂多变的市场环境中，有效管理财务风险是企业稳健发展的基石。本章将全面探讨财务风险管理的基础知识、财务风险的识别、防范及预警机制构建。

第一节　财务风险管理的基本分析

一、财务风险的含义理解

财务风险，作为企业财务活动中风险的综合体现，具有狭义与广义之分，两者在内涵与外延上均存在显著差异。

从狭义角度来看，财务风险特指传统意义上的财务风险，即企业面临用货币资金偿还到期债务的不确定性，亦被称为融资风险或筹资风险。此观点聚焦于货币资金的运作过程，认为财务风险的根源在于企业为筹集资金而承担的负债。当企业无法按期偿还债务时，便可能引发财务风险。

而广义的财务风险则涵盖了企业财务活动的全过程。企业财务活动是一个复杂且系统的过程，包括资金筹集、投资、占用、耗费、收回以及分配等多个环节，这些环节相互关联、共同作用，构成了企业财务活动的有机整体。

因此，对财务风险的认识必须立足于财务活动的全局，从整体上把握财务风险的本质。广义的财务风险指的是，在企业财务活动过程中，由于各种难以预测或无法控制的因素的影响，导致企业实际收益与预期收益之间产生偏离的不确定性。这种不确定性不仅涉及筹资风险、投资风险、资金收回风险、收益分配风险以及营运资金管理风险等传统风险类型，还涵盖了期货风险、并购风险、存货风险等其他与财务活动相关的风险类型。因此，广义的财务风险更具全面性和复杂性，要求企业在财务管理过程中必须全面考虑各种风险因素，以确保企业财务活动的稳健进行。

二、财务风险管理的重要性

财务风险管理在现代企业管理中占据着举足轻重的地位，其重要性不容忽视。

首先，从风险防控的角度来看，有效的财务风险管理机制如同企业的“免疫系统”，在复杂多变、充满不确定性的市场环境中，为企业构筑起一道坚不可摧的防护网。面对市场价格的瞬息万变、政策法规的频繁调整以及合作伙伴可能的信用违约等种种挑战，通过实施精细化的风险管理策略，企业能够敏锐捕捉风险信号，及时进行风险评估与量化分析，并制定出相应的应对措施，有效规避或减轻潜在损失，确保企业财务体系的稳健运行，为企业的长远发展保驾护航[①]。

其次，财务风险管理在促进企业资源高效配置、提升经营效率及增强市场竞争力方面扮演着核心角色。通过对财务风险的全面审视与精准评估，企业能够更加清晰地认识到自身的财务状况与风险承受能力，进而制定出更加科学合理的资源配置方案，优化资金结构，提高资产周转率，确保每一分资源都能发挥最大效用，为企业在激烈的市场竞争中赢得先机。

① 李素丽. 财务风险管理及防范对策研究［J］. 中国集体经济，2024，（24）：149.

最后，良好的财务风险管理不仅是企业内部管理的体现，更是对外展示企业实力与责任感的重要窗口。一个能够妥善处理财务风险、维持财务健康稳定的企业，不仅能够增强投资者和债权人的信心，吸引更多资本注入，还能在公众心中树立起负责任、可信赖的企业形象，为企业的长期发展奠定坚实的社会基础。

三、财务风险管理的原则

为确保风险管理的全面性与有效性，企业应遵循一系列关键原则，这些原则不仅指导着风险管理的实践，更是企业财务战略的重要组成部分。

全面性原则要求企业在整个风险管理流程中，必须全方位、无遗漏地审视和涵盖所有与财务活动紧密相关的环节。无论是投资决策前的严谨分析，还是融资策略实施过程中的灵活调整，抑或是日常运营活动的精细化管理，都应当被纳入风险管理的严密监控之下。遵循这一原则，企业能够更为精准地识别出潜在的财务风险点，对其可能产生的负面影响进行科学合理的评估，并据此制定出一套行之有效的风险控制措施。这样一来，企业的财务状况便能在全面风险管理的保驾护航下，保持长期的稳定与安全。

系统性原则强调企业应当构建一个完备且高效的风险管理体系，确保各个部门在风险管理过程中能够协同作战、信息共享。为了实现这一目标，企业需要在组织结构层面明确风险管理的具体职责，制定出一套统一且可行的管理制度，并建立起高效运转的信息系统。通过这些举措的实施，企业不仅能够形成风险管理的强大合力，还能显著提升风险应对的效率与效果，为企业的稳健发展奠定坚实基础。

动态性原则反映了企业财务风险管理应对变化环境的灵活性。随着企业内外部环境的不断变化，财务风险也随之呈现出动态变化的特征。企业应保持对风险管理的持续关注，根据环境变化及时调整风险管理策略，以应对新的挑战和抓住新的机遇。动态性原则要求企业建立风险监测和预警机制，及时发现和应对风险变化，确保风险管理的时效性和有效性。

成本效益原则是企业在财务风险管理过程中必须遵循的经济原则。风险管理需要投入一定的人力、物力和财力，因此企业必须在确保风险管理效果的前提下，合理控制管理成本，实现成本与收益的平衡。这要求企业在制定风险管理策略时，充分考虑风险管理的成本效益比，选择最优的风险管理方案，以实现风险管理的经济性和高效性。

第二节　财务风险的识别与防范

一、企业财务风险的识别与分析

（一）企业财务风险的主要类型

在不同的财务环境、不同的企业成长周期中，财务风险针对不同的经营主体和财务目标有不同的表现形式和风险种类。

1. 按财务风险后果的严重程度分类

按照企业财务风险后果的严重程度，财务风险可分为以下三类：① 轻微财务风险。它是指损失较小、后果不很严重、对企业生产经营管理活动不构成重要影响的各类风险。② 一般财务风险。它是指损失适中、后果明显，但尚不构成致命威胁的各类风险。③ 重大财务风险。它是指损失较大、后果较为严重的风险。其后果通常会直接导致重大损失，并难以恢复，甚至威胁到企业的存续。

按照企业财务风险后果的严重程度分类，是为了针对不同类型的风险，采取不同等级的处理措施。当然，各种财务风险的划分并不绝对，它们在一

定条件下会相互转化。对财务风险的防范和控制，主要针对重大财务风险和一般财务风险。

2. 按照理财活动的内容分类

按照企业理财活动的具体内容，财务风险可被细分为以下四大类别，每一类别均蕴含着独特的内涵与风险点。

筹资风险：此风险贯穿于企业筹资活动的始终，涉及筹资时机、方式、规模等多个方面。由于筹资环境的不确定性及筹资决策的潜在失误，企业可能面临收益变动风险和偿债风险。收益变动风险源于市场波动导致的筹资成本变化，而偿债风险则关乎企业能否按时足额偿还债务。

投资风险：投资风险指的是企业投资活动未能达到预期效益，进而对盈利水平和偿债能力造成负面影响的可能性。它主要包括长期投资和短期投资两部分风险。长期投资风险涉及股票、债券、证券投资组合、外汇等多种投资方式，而短期投资风险则更多关注存货价格变动等市场波动因素。

资金回收风险：这一风险主要体现在企业销售产品后，资金从成品形态转化为结算资金，再进一步转化为货币资金的过程中。由于时间和金额上的不确定性，企业可能面临存货积压、应收账款难以收回等问题，从而引发资金回收风险。

收益分配风险：收益分配风险源于企业收益分配决策可能对未来生产经营活动产生的不利影响。它具体表现为收益确认风险和分配风险。收益确认风险主要由客观环境变化和会计方法选择不当导致，可能使企业当期成本被低估、收益被高估。而分配风险则涉及对投资者分配收益的形式、时间和数额的决策，不当的分配策略可能对企业未来的资金流动和股东关系产生负面影响。

3. 按相关财务活动的普遍性分类

根据相关财务活动的普遍性，企业财务风险可分为以下两类。

（1）普通时期财务风险

普通时期财务风险，作为企业财务风险管理的基础领域，主要关注的是企业在日常财务活动中所面临的一系列风险。这些风险与企业日常的筹资、投资、资金收回以及收益分配等核心财务活动紧密相连，构成了企业财务风险的常态表现。

筹资风险，源于企业在筹集资金过程中可能面临的融资环境变化、筹资决策失误等因素，这些因素可能导致企业筹资成本上升或筹资难度加大，进而影响企业的资金状况和偿债能力。

投资风险，则是指企业在投资决策过程中，由于市场波动、项目选择不当或管理不善等原因，导致投资回报未能达到预期，甚至可能出现投资亏损，从而对企业的盈利水平和资产价值造成负面影响。

资金收回风险，主要涉及企业在销售产品或提供服务后，资金从应收账款转化为现金的过程中可能面临的不确定性。这种风险可能导致企业资金流动性降低，甚至引发坏账损失。

收益分配风险，则关注企业在利润分配过程中可能因分配策略不当而引发的风险。不合理的收益分配可能导致企业内部矛盾激化，影响企业的长期稳定发展。因此，在普通时期，企业需全面识别并有效管理这些财务风险，以确保财务活动的稳健进行。

（2）特殊时期风险

特殊时期风险指的是企业在常规经营活动之外，面对特殊情境下所开展的重大财务活动所伴随的财务风险。这些风险类型多样，包括但不限于并购风险、衍生金融工具风险、跨国经营财务风险以及担保风险等。在评估某一风险是否构成财务风险时，核心标准在于该活动是否会导致企业财务状况的变动或引入某种不确定性因素。

并购风险，源于企业在追求规模扩张和组织结构调整的过程中，因重组内容、方式选择不当而引发的风险。这一风险不仅关乎企业战略的成败，更可能对企业的财务状况产生深远影响。

衍生金融工具风险，则随着现代企业资本运营方式的多样化而日益凸显。衍生金融工具虽为企业提供了更为灵活的融资渠道，但同时也带来了更高的风险水平。其跨期性、投机套利及保值功能，使得交易主体需承担未来金融市场价格波动所带来的潜在巨大损失。

跨国经营财务风险，则源于企业跨国界经营活动的复杂性。在跨国经营过程中，企业需面对汇率风险、利率风险、政治风险等多重挑战，这些风险最终都将反映在企业的财务成果上，对企业的稳健运营构成威胁。

至于担保风险，它是指企业为其他企业的债务提供担保时，因被担保企业无力偿还债务而需承担代偿责任的风险。这种风险不仅可能损害企业的财务健康，还可能对企业的信誉和长期合作关系造成不利影响。因此，在特殊时期风险的管理中，企业应高度重视并采取有效措施予以应对。

（二）财务风险识别的方法与技术

财务风险识别，作为企业财务风险管理流程中的关键步骤，其重要性不容小觑。在实际运营过程中，企业必须采取科学有效的方法来准确识别潜在的财务风险，以确保财务安全并推动持续稳健发展。

财务报表分析法，作为识别财务风险的一种经典且常用的方法，通过对企业核心财务报表——包括资产负债表、利润表以及现金流量表等的深度解读与剖析，能够有效地揭露企业潜在的各种财务风险。具体而言，对资产负债表的细致分析，可以直观展现企业的资产结构布局与负债状况，进而为评估企业的偿债能力及其财务稳健性提供有力支撑；而对利润表的深入探究，则能够精准揭示企业的盈利状况与经营效率，为科学预测其未来发展态势奠定坚实基础。

指标分析法，通过精心设计一系列具有高度针对性的财务风险评估指标，诸如资产负债率、流动比率以及速动比率等，来实现对企业财务风险水平的精准量化评估。这些指标能够从偿债能力、流动性等多个维度，全面且深入地揭示企业的财务状况与经营实效，从而为管理者及时捕捉并有效应对潜在的财务风险点提供有力支持，确保企业财务体系的稳健运行。

专家调查法，通过邀请行业内的资深专家或财务领域的专业人士参与调查与分析，企业能够充分利用他们的丰富经验与专业知识，对复杂或不确定性较高的财务风险进行精准识别与评估。这种方法不仅能够提高风险识别的准确性，还能为企业制定有效的风险应对策略提供有力支持。

（三）财务风险分析的维度与指标

在进行财务风险分析的过程中，为了全面且精准地把握企业的财务状况，需要从多个维度出发，构建一个系统化、层次化的分析框架（图 4-1）。

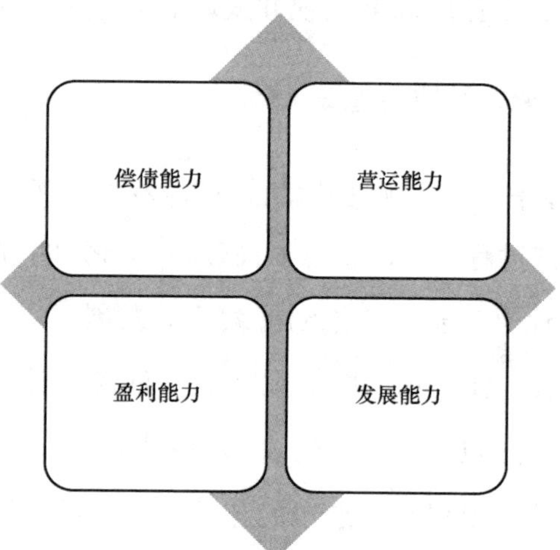

图 4-1　财务风险分析的维度与指标

1. 偿债能力

偿债能力直接关系到企业能否按期且全额清偿其短期与长期债务。在财务评估的实践中，企业通常采用一系列专业指标来精细化刻画企业的偿债能力。其中，流动比率与速动比率分别从宏观与微观两个层面，量化了企业流动资产及速动资产对流动负债的覆盖强度；而利息保障倍数则深刻揭示了企

业经营所得在应对债务利息支出方面的保障程度。这些指标相互补充，共同构建起一套评估企业偿债风险的科学体系，为财务管理者提供了宝贵的决策依据。

2. 营运能力

营运能力作为财务风险分析的核心组成部分，对于评估企业的运营效率及潜在风险具有重要意义。在这一分析框架下，存货周转率、应收账款周转率和总资产周转率被确立为衡量营运能力的三大关键指标。存货周转率直接反映了企业存货的周转速度与管理效率，是评价库存管理水平及市场响应能力的重要依据。应收账款周转率则揭示了企业应收账款的回收速度与管理水平，对于评估资金流动性及坏账风险至关重要。而总资产周转率作为衡量企业资产整体利用效率的综合性指标，能够全面反映企业资源配置的合理性与运营效率。这些指标共同构成了评估企业资产管理状况、判断营运风险的重要工具，为管理层提供了决策支持。

3. 盈利能力

盈利能力作为衡量企业赚取利润能力的重要指标，它不仅是投资者和债权人关注的焦点，也是财务风险分析中不可或缺的一部分。在这一维度下，销售净利率、净资产收益率等指标成为评估企业盈利能力的核心工具。这些指标分别从销售收入和净资产的角度出发，揭示了企业的盈利水平和盈利能力，为判断企业是否存在盈利风险提供了重要参考。同时，结合行业和市场情况进行比较分析，能够更加准确地评估企业在行业中的竞争地位以及盈利能力的可持续性。

4. 发展能力

在企业财务风险评估的框架中，发展能力作为一个核心维度，对于揭示企业成长潜能与未来趋势具有不可替代的重要性。该维度着重通过一系列关键指标，如营业收入增长率与净利润增长率，来量化评估企业的扩张步伐和盈利增长态势。这些指标不仅深刻反映了企业的历史成长轨迹与当前发展速度，更为预测其未来市场表现及潜在风险提供了坚实的数据支撑。进一步地，将企业发展能力置于宏观经济环境、行业演进趋势及企业内部战略规划的多重视角下进行综合分析，有助于构建一个更为全面、立体的评估体系。这样的分析不仅能够精准识别企业在市场竞争中的优势地位与劣势环节，还为制定针对性的发展战略与风险管理措施提供了科学依据，从而助力企业稳健前行，实现可持续发展。

二、财务风险防范对策的实施与保障

（一）防范对策的实施步骤与策略

实施财务风险防范对策是企业确保财务安全、稳健经营的重要环节。为确保这些对策的有效执行，企业必须采取一套系统化、精细化的实施策略，并严格遵循既定的步骤流程。

首先，精确界定防范对策的具体内容及其核心目标。企业应当深入剖析自身面临的财务风险，据此细化每一项对策，并为其设定具有可度量性的目标与期望成果。这一步骤不仅为对策的实施提供了明晰的方向性指导，还显著增强了对策的精准度与实效性。同时，制定一份周密的实施计划也是不可或缺的环节。该计划需详细规划对策的执行时间表、明确责任人员、合理调配所需资源，并设定关键的时间节点与成果标志，以确保整个实施过程能够有序、高效地进行。

其次，组建一支由专业人士构成的团队或指定具有深厚经验与专业知识的负责人来主导对策的实施，这是确保对策得以有效落地的关键所在。这些人员需展现出卓越的组织协调能力，能够高效整合内外部资源，推动对策的顺利实施与深入执行。

最后，企业在实施财务风险防范对策的过程中，还需展现出高度的灵活性与应变能力。鉴于财务风险与内外部环境均处于不断的变化之中，企业必须保持高度的警觉性，密切关注这些动态变化，并定期对对策的实施效果进行全面评估。在此基础上，企业应根据评估结果与实际情况，灵活调整实施策略，以确保能够迅速适应市场变化，有效应对各种挑战与问题。通过这样持续迭代与优化，企业方能在激烈的市场竞争中稳固自身地位，实现长期稳健的发展。

（二）防范对策实施的监督与评估

此机制的核心目标在于，不仅保障对策的严格执行，而且要根据实际执行效果进行灵活调整与持续优化，进而全面提升风险防范的针对性与实效性。

在监督层面，企业应着手实施定期且全面的防范对策执行情况检查。这一检查需深入剖析对策的实施状况，不仅关注其是否得到有效执行，更要严格审视执行的质量与最终效果。为实现这一目标，企业可依托定期审计、内部自查以及引入第三方专业评估等多重手段，对防范对策的执行情况进行全方位、深层次的洞察。

在评估层面，则需运用科学、严谨的方法对风险防范的成效进行量化评估。具体而言，企业可设置一系列财务风险指标，如资产负债率、流动比率、速动比率等，以直观反映企业的偿债能力及财务稳健性。同时，建立风险评估模型也至关重要，该模型能够基于企业的历史数据与市场环境，精准预测未来可能遭遇的风险与挑战。这将为企业制定更为精确、有效的风险防范策略提供坚实的数据支撑与决策依据。

（三）防范对策的持续优化与改进

在当今复杂多变的商业环境中，企业所面临的内外部环境始终处于一种持续的动态变化状态，这直接导致财务风险的形式与特征也随之不断演化。

因此，企业必须保持一种高度的风险警觉性，通过实施定期且系统化的财务风险信息搜集与分析流程，以便敏锐地捕捉新出现的风险点以及潜在的财务威胁。

为了实现财务风险管理的持续优化与精进，企业应当着手构建一套全面、高效的财务风险信息搜集、分析及反馈体系。这一体系的核心环节应包含定期的风险评估活动，旨在全面且精确地把握企业当前所面临的财务风险状况，从而为制定精准有效的风险防范策略提供坚实的数据支撑与决策依据。与此同时，一个健全的风险信息报告机制也显得至关重要，它能够确保企业的高层管理者及时获取风险动态信息，进而做出更加科学、更加合理的战略决策，有效应对潜在的财务风险。

除此之外，企业还应当积极拓宽其风险管理的视野，积极寻求并吸纳来自行业内外的前沿经验与实践成果。这可以通过多种途径来有效实现，例如积极参与行业内的交流研讨会议、深入剖析先进企业的风险防范成功案例，以及与专业的风险管理机构建立长期紧密的合作关系等。通过这样广泛的借鉴与学习，企业不仅能够不断完善和强化自身的风险防范体系，还能够在实践中显著提升风险防范工作的效率与实际成效，为企业的稳健发展提供有力保障。

总而言之，有效的财务风险管理不仅依赖于完善的风险评估体系，还需要针对性的防范策略以及持续的实施与保障措施。为企业应对复杂多变的财务风险提供了有力的理论支持和实用工具，有助于企业在激烈的市场竞争中保持财务稳健，实现长期可持续发展。

第三节　财务风险预警机制的构建

随着全球经济一体化及我国市场经济体制的持续深化，企业正置身于一个充满无限机遇与严峻挑战的新时代。市场环境日益复杂多变，导致企业在

发展进程中遭遇的不确定性因素显著增多。在此背景下，企业所面临的财务风险问题愈发凸显，成为制约其稳健发展的关键因素。财务管理作为企业运营的核心环节，其管理水平的高低直接关乎企业的生存与发展能力。因此，为了保障企业的持续健康发展，构建一套科学有效的财务风险预警机制显得尤为迫切且具有深远的现实意义。

一、构建财务风险预警机制的必要性

（一）强化财务人员风险认知，提升风险管理能力

在纷繁复杂的企业经营管理活动中，财务风险作为一种客观存在，其重要性不容忽视。然而，受制于多重因素，部分企业的财务人员对风险的认识尚显不足，对财务风险管理的重视程度不够，这无疑为企业的稳健运营埋下了潜在的隐患。构建财务风险预警机制，能够将财务风险管理的理念深植于企业的日常运营之中，通过制度化的方式强化财务人员的风险意识。这一机制不仅能够促使财务人员更加敏锐地识别潜在风险，还能够提升他们应对各类财务风险问题的能力，从而为企业筑起一道坚实的风险防线。

（二）确保企业财务安全，降低经济损失风险

财务安全是企业持续发展的基石，一旦财务安全受到威胁，企业将面临从轻微经济损失到严重破产倒闭等一系列风险。构建财务风险预警机制，通过系统的财务信息收集、评估与监测，能够实时捕捉企业财务状况的微妙变化，及时发现并预警潜在的财务危机。这一机制不仅能够有效防范和控制各类财务危机的发生，还能够减少因决策失误而引发的财务风险事件，从而在最大程度上保障企业财务的安全与稳定。

（三）增强企业市场竞争力，助力企业长远发展

在当今社会快速发展的背景下，我国企业无论是在数量还是规模上都取得了显著成就，并逐渐成为我国国民经济的重要支撑力量。然而，随着市场竞争的日益激烈，企业如何在激烈的市场竞争中脱颖而出，成为一个亟待解决的问题。构建财务风险预警机制，通过优化企业资产配置、提高资产流动性以及提升资产使用效率等方式，能够显著提升企业的运营效率和市场竞争力。这一机制不仅能够使企业更加灵活地应对市场变化，还能够为企业的长远发展奠定坚实的基础。

二、财务风险预警机制的构建分析

（一）企业财务风险预警机制的构成

为了有效防范和应对这些风险，构建一个全面、高效的财务风险预警机制显得尤为重要。这一机制不仅能够帮助企业及时识别并预警潜在的财务风险，还能够为企业的稳健发展提供有力保障。以下将详细阐述企业财务风险预警机制的构成，以期为企业的财务管理实践提供有益的参考。

1. 监测与传输机制

这一机制要求企业建立高效的财务信息监测系统，通过实时、准确地收集、整理和分析企业内部及外部的财务数据与市场信息，确保财务人员能够全面掌握企业的财务状况。同时，通过高效的信息传递渠道，将监测到的数据及时传输至风险预警系统的其他环节，为后续的风险评估与分析提供坚实的基础。

2. 评估与分析机制

该机制运用专业的财务分析和风险评估方法，对企业的财务活动进行深入剖析，揭示其背后的经济逻辑与风险隐患。通过对比企业历史财务数据、行业标准及市场动态，评估当前财务活动的合规性与风险水平，及时发现并预警潜在的财务风险点，为管理层提供决策支持。

3. 报警与处理机制

当评估与分析机制识别出财务风险时，该机制将迅速触发报警信号，通过明确的预警指标和直观的报警形式，向企业财务人员及管理层传递风险信息。同时，根据风险性质和严重程度，制定并启动相应的应急处理预案，迅速采取措施控制风险扩散，降低损失，确保企业财务安全。

4. 组织机制

企业财务风险预警机制的构建与运行需要跨部门、跨岗位的协同合作。因此，必须建立明确的组织架构，界定各部门、各岗位的职责与权限，确保预警信息能够在组织内部顺畅传递，各成员能够按照既定流程迅速响应，形成有效的风险防控合力。通过建立健全的组织机制，企业能够在面对财务风险时，迅速调动资源，协同作战，有效应对，保障企业财务管理的稳健与可持续发展。

（二）构建财务风险预警机制的策略

1. 精准识别与评估财务风险

企业在日常运营中，需持续关注市场环境的动态变化，尽管这些信息瞬息万变，但通过深入的分析与预测，企业仍能有效识别潜在的财务风险。为此，企业应建立健全的财务分析体系，通过对日常财务活动的细致梳理与总结，结合当前国内外经济环境及行业趋势，运用历史经验与财务人员的专业素养，精准捕捉财务风险信号，并深入剖析其成因。同时，企业应充分利用财务报表（如资产负债表、现金流量表等）及相关会计资料，通过对比分析各项财务指标，预测可能面临的财务风险，并评估其对企业的潜在影响。这一过程不仅有助于企业及时发现风险点，还能为后续的应对措施提供充分的时间准备。

2. 科学设置财务风险预警指标体系

预警指标是财务风险预警机制的核心组成部分，其设置的合理性直接关系到预警机制的有效性。企业在构建预警机制时，应基于对自身历史数据的深入挖掘与市场数据的全面分析，建立一套涵盖企业现金状况、投资状况、经营状况等多个维度的预警指标体系。这一体系应既能反映企业的当前财务状况，又能预测未来的发展趋势，从而实现对企业财务风险的全面、综合监测[①]。此外，企业还需根据市场环境的变化及自身业务的发展，适时调整预警指标，确保其始终保持敏感性和准确性。

3. 优化风险预警机制的人员配置与沟通机制

财务风险预警机制的高效运行离不开专业人员的支持与配合。企业在组建预警机制团队时，应充分考虑人员的专业背景与经验，确保团队既包含精通财务的专业人员，也涵盖企业决策层、高级管理层以及审计、企划等相关职能部门的人员。通过明确各职能部门与人员的职责定位，建立有效的沟通机制，促进团队成员之间的信息共享与协作配合。在面临潜在财务风险时，团队成员能够迅速集结，共同分析风险成因，制定切实可行的应对措施，从

① 张守军. 浅析企业财务风险预警机制的构建［J］. 发展，2012，（11）：80.

而确保企业能够及时、有效地应对财务风险挑战。

（三）构建企业财务风险预警机制的注意事项

在构建企业财务风险预警机制的过程中，为确保该机制能够充分发挥其应有的预警与防范作用，企业必须高度重视并切实做好以下三个关键方面的工作。

1. 完善企业内部控制体系

企业内部控制体系的完善性是财务风险预警机制有效运行的前提与保障。因此，企业在着手构建财务风险预警机制之初，就应根据自身的经营特点、业务规模以及管理需求，全面审视并优化现有的内部控制制度。具体而言，企业应首先明确各部门的职能定位与权责界限，确保各职能部门在财务预警机制中既能各司其职，又能相互协作。同时，还需建立健全财务预警信息的传递流程与监督机制，确保预警信息能够在各部门之间及时、准确地传递，并形成有效的监督与被监督关系。通过这样一系列的内控完善措施，为财务风险预警机制的顺畅运行奠定坚实基础，进而为企业的财务安全提供有力保障。

2. 提升预警人员综合素质

预警人员的综合素质直接关系到财务风险预警机制的有效性与准确性。因此，企业在选拔预警机制组成人员时，应严格把关，确保所选人员具备扎实的财务专业知识、敏锐的财务洞察力以及良好的沟通协调能力。同时，企业还应加强对预警人员的后续教育与培训，不断提升他们的业务素养与职业道德水平。具体而言，应重点加强预警人员对财务信息的收集、整理与分析能力培训，使他们能够迅速而准确地从海量财务数据中挖掘出潜在的风险信号。此外，还应培养预警人员的职业判断力与信息甄别能力，使他们能够准确判断信息的真伪与重要性，从而为企业提供及时、有效的财务风险预警信息。

3. 协调部门间关系

企业作为一个有机整体，各部门之间的协调与合作对于财务风险预警机制的高效运行至关重要。因此，企业在构建财务风险预警机制时，应充分考虑各部门之间的业务关联与协作需求，通过建立健全的沟通机制与协作流程，确保各部门能够紧密配合、形成合力。具体而言，企业应鼓励各部门之间开展定期的财务信息交流与共享活动，以便及时发现并共同应对潜在的财务风险。同时，还应建立跨部门的风险应对小组或委员会，负责协调各部门在风险预警与应对过程中的行动与决策。通过这样的部门间协调与合作机制，不仅能够提升财务风险预警机制的整体效能，还能增强企业的凝聚力与抗风险能力，从而确保企业能够在激烈的市场竞争中稳健前行、持续发展。

综上所述，企业构建财务风险预警机制，不仅能够增强财务人员的风险识别与应对能力，从而提升其风险意识，还能够为企业财务安全提供坚实的制度保障，有效规避潜在的经济损失。进一步而言，财务风险预警机制的完善与否，直接关系到企业在市场竞争中的稳健性与可持续性。因此，企业必须深刻认识到这一机制的重要性，并紧密结合自身经营实际，通过精准识别财务风险点、科学设定预警指标、合理配置预警团队等举措，构建一个既合理又高效的财务风险预警体系。这一体系将作为企业的“风险雷达”，实时监测、有效防范并妥善应对各类财务风险，为企业在激烈的市场竞争中脱颖而出、实现长远发展奠定坚实基础。

第五章　数智技术赋能财务管理创新

随着数智技术的飞速发展，财务管理正经历着前所未有的变革。本章将聚焦大数据、数据资产、云计算、人工智能等前沿技术，探讨其在财务管理中的应用与创新。

第一节　大数据提升财务管理水平

企业财务管理部门作为企业运营的核心支柱，正逐步深刻认识到大数据技术所蕴含的巨大潜力与价值。面对这一技术革新，众多企业正积极寻求财务管理与大数据技术的深度融合路径，力图让大数据全面渗透并优化财务管理的各个环节。此趋势不仅顺应了时代发展的必然要求，也预示着大数据技术在财务管理领域的广泛应用已成为不可逆转的潮流。

一、大数据技术概述

（一）大数据技术简述

大数据，作为互联网信息时代涌现出的重要产物，其本质在于将海量、多样化的数据资源进行高效整合、深度挖掘与精确分析。这一技术通过复杂

的收集、整理、分析及统计过程，实现数据的科学分类与有效利用，展现出强大的决策支持能力、流程优化潜力以及信息处理方式的多元化特性。在当今社会，大数据的触角已广泛延伸至各行各业，深刻影响着人们的日常生活与经济发展。

追溯大数据技术的发展历程，其起源可追溯至 20 世纪 90 年代，彼时互联网与信息技术的迅猛发展催生了处理海量数据的迫切需求。在此背景下，众多企业与科研机构纷纷投身大数据技术的研发，以期解决数据处理的瓶颈问题。步入 21 世纪，随着社交媒体、移动智能终端、物联网等新兴技术的蓬勃兴起，大数据技术的应用场景与需求进一步拓展，成为推动社会进步与产业升级的关键力量。

（二）大数据技术的特征表现

“大数据”这一概念，远非仅仅对数据规模进行简单描述，而是对数据本身所蕴含特性的深刻洞察与全面概括。其核心特征可归纳为三点：数据量的庞大性、数据处理的高速性以及数据种类的多样性，这三者共同构筑了大数据的基石，为财务管理工作带来了前所未有的数据挖掘与分析技术革新。

首先，大数据的“数据量大”特性，指的是其所涉及的数据规模之巨，已远远超出了传统数据管理工具的处理范畴。财务管理实践中，数据构成尤为复杂，包括海量的财务数据、详尽的交易记录以及与之相关的多维度信息。这些数据不仅是企业经营活动的直接反映，更是管理层决策的重要依据。因此，数据的积累与有效存储显得至关重要，它们为经营决策的精准制定与深入财务分析提供了坚实的基础。大数据技术的应用，则极大地提升了数据处理的效率与深度，通过挖掘数据背后的隐藏信息，为企业战略决策提供了强有力的支撑。

其次，大数据的“数据处理速度快”特性，则强调了数据处理与分析的即时性与高效性。在信息技术日新月异的今天，数据的更新速度已达到了前

所未有的高度，这就要求财务管理人员必须能够迅速获取、处理并分析最新的数据信息。大数据技术的引入，使得财务管理人员能够实时监控企业的财务状况，及时发现潜在问题并迅速采取应对措施，从而显著提升企业的运营效率与应变能力。

最后，大数据的“数据种类多样”特性，则揭示了数据来源与类型的多元化趋势。传统财务管理主要聚焦于财务数据的分析与处理，而在大数据时代，财务管理人员的职责范畴显著扩展，要求他们能够妥善处理包括非结构化数据在内的多样化数据类型。为此，财务管理人员需具备跨领域的数据整合与分析能力，能够实现数据的深度融合与有效挖掘，从而为企业决策提供更为全面、精准的信息支持，助力企业在复杂多变的市场环境中保持竞争力。

二、大数据技术在财务管理工作中的应用优势

在数字化转型的浪潮席卷全球的背景下，企业逐渐深刻认识到大数据技术在财务管理领域所蕴含的核心价值与战略意义。面对日益复杂多变的现代商业环境，传统的财务管理模式因其过度依赖手工操作，不仅在处理庞大数据时显得力不从心，效率低下，而且易受数据规模及复杂程度的制约，导致错误频出，难以满足现代企业管理的高标准要求。因此，企业开始积极探索大数据技术与财务管理的深度融合，以期打破传统束缚。大数据技术的引入，既为财务管理带来了前所未有的机遇，也伴随着诸多挑战，它推动着财务管理向智能化、精准化的方向转型，旨在通过深度挖掘数据价值，为企业的财务管理决策提供更加科学、全面的支持，进而创造更大的经济价值与社会效益。

大数据技术凭借自动化处理流程与高速运算能力，从多元化、复杂的数据源头中高效地采集信息，随后运用先进的自动化工具与精密算法，对这些数据进行深度清洗与系统化整理。这一过程不仅显著降低了人为失误的风

险，还极大提升了数据的一致性与整体质量，进而促进了财务管理工作效率的飞跃。更为关键的是，大数据技术能够轻松应对海量数据的处理挑战。借助强大的大数据分析工具，它能够实现财务指标的迅速计算与财务报告的即时生成，这一转变极大地加速了数据处理与分析的进程，并确保了结果的精确无误。对于企业的决策者而言，大数据技术成为评估与优化财务绩效的得力助手。它通过对庞杂财务数据的深入挖掘，能够精准识别成本节约、利润增长及现金流优化的潜在机遇，为制定科学战略与有效措施提供了坚实的数据支撑。此外，该技术还助力财务管理人员在客户财务数据方面展开深度挖掘，有效提取出关于客户的关键性信息。这些信息对于企业构建精准的营销策略、优化客户关系管理具有不可估量的价值，为企业在激烈的市场竞争中脱颖而出奠定了坚实的基础。

大数据技术赋予财务管理人员强大的数据关联性分析能力，使他们能够洞察数据间微妙的联系，从而为企业的财务风险管理提供更为坚实、可靠的依据。大数据技术不仅能够帮助财务管理者从海量数据中发掘潜在的模式与规律，还通过运用先进的机器学习与统计模型，实现了对企业未来发展趋势与潜在风险的精准预测，为企业的前瞻性决策奠定了坚实基础。尤为值得一提的是，大数据技术使得对财务管理数据的实时分析成为可能。通过将财务管理数据与实时交易数据无缝整合，企业能够及时捕捉数据中的异常波动与潜在风险，从而迅速响应，采取有效措施予以化解。此外，大数据技术还为财务管理人员提供了智能化的数据处理与分析工具，这些工具不仅极大地提升了财务管理工作的效率与准确性，还通过集成机器学习与人工智能算法，实现了数据的自动化处理与深度智能分析。例如，大数据工具中的数据可视化技术，就能够以直观、生动的方式展现财务数据的动态趋势与内在关联，帮助财务管理人员更加深入地理解数据背后的故事，进而做出更为精准、科学的决策。这些技术的综合应用，无疑为企业的财务管理水平带来了质的飞跃。

大数据技术通过深度剖析海量数据，能够有效挖掘出数据中潜藏的模式

与规律，进而实现风险的快速识别与精准定位。这一能力为财务管理人员提供了强有力的支持，使他们能够及时发现潜在的风险因素，并迅速采取行之有效的控制措施，以应对可能出现的财务危机。具体而言，财务管理人员可以依托大数据技术，对企业的财务数据实施实时监控，从而及时捕捉到任何异常情况，显著降低企业的财务风险。同时，通过对大量交易数据的细致分析，大数据技术能够精准识别出不合规行为，为加强内部控制与审计监管提供有力依据。此外，在证券信息数据分析方面，该技术同样表现出色，能够及时发现银行欺诈行为及违反监管规定的情形，有效维护金融秩序。而在供应链数据分析领域，大数据技术也能够迅速识别出供应商风险，为采取替代措施、保障供应链安全提供有力支撑。

三、大数据对财务管理工作的影响与展望

大数据技术的迅猛崛起，无疑为财务管理领域带来了前所未有的挑战与机遇并存的局面，预示着该领域即将迈入一个崭新的变革时代。展望未来，大数据技术对财务管理工作的渗透与影响将愈发深刻，这就要求财务管理人员必须持续进化，积极适应这一趋势。首要的是，随着大数据技术的不断精进，财务管理工作将不得不面对数据类型与来源的多元化挑战。相较于传统财务管理主要聚焦于结构化数据，大数据时代的到来，使得半结构化数据乃至非结构化数据同样成为不可或缺的分析对象。这一转变，无疑对财务管理人员的专业素养提出了更高要求，他们亟须增强自身在复杂数据处理与深度挖掘方面的能力，以确保能够精准驾驭各类数据，为企业的财务决策与管理提供坚实支撑。

大数据技术的应用也将对财务管理人员的专业技能体系提出了更为严苛的要求。在未来的财务管理实践中，传统财务管理知识固然重要，但已不足以满足日益复杂的业务需求。因此，财务管理人员必须积极拓展技能边界，深入掌握数据科学、数据分析以及数据挖掘等前沿技术。这一转变不仅是对

个人能力的挑战，更是对整个财务管理体系的一次革新。为了实现这一目标，跨学科的综合能力显得尤为重要。财务管理人员需具备将财务管理理论与大数据技术有效融合的创新思维，以应对多变且复杂的商业环境。这种融合不仅要求对传统财务管理有深刻理解，还需具备运用大数据技术进行数据分析、预测及决策的能力。在此背景下，持续学习成为财务管理人员不可或缺的素质。他们必须不断学习新知识、新技能，紧跟大数据时代的步伐，以保持竞争力。同时，大数据技术的应用也为财务管理带来了前所未有的机遇。通过智能化、自动化的手段，财务管理效率得到显著提升，数据处理的精度也达到了前所未有的水平。深层数据挖掘更是赋予了财务管理人员挖掘数据之间关联的能力，从而提供更加精准的财务报告和风险管理策略，为企业决策提供更加有力的支持。

总之，大数据技术的广泛应用将使财务管理工作更加智能化，为财务管理人员提供更好的数据分析和决策工具。通过数字化转型，财务管理工作将迎来更多的创新应用，为企业的可持续发展提供更可靠的支持。

第二节　数据资产入表赋能财务管理

数字经济时代下，数据具有基础性战略资源和关键性生产要素的双重属性，逐渐成为重要的新型资产，而数据资产入表正是对数据要素作为资产发挥价值的合法确认手段，能够有效催生和推动数字经济新产业、新业态、新模式发展。

从中共中央、国务院出台《关于构建数据基础制度更好发挥数据要素作用的意见》（下文简称“数据二十条”）强调探索数据资产入表新模式，到财政部《企业数据资源相关会计处理暂行规定》（下文简称《暂行规定》）进一步明确数据资产的规范处理，企业数据资产的会计处理正从顶层制度架构设计加快向落地实践迈进。企业对于数据资产入表的探索热情也得到了极大激

发。如何从中识别出真正具有价值的数据资产，对其进行规范化的会计处理，并纳入企业的财务报表中，真实反映企业的经营状况和发展水平，实现数据资产的保值增值，已经成为各类市场主体在数据资产化进程中积极探索的方向。

一、数据资产入表的内涵与意义

（一）数据资产的内涵界定

《信息技术服务数据资产管理要求》（GB/T 40685—2021）将“数据资产”这一术语定义为：合法拥有或控制的、能进行计量的、为组织带来经济和社会价值的数据资源。对于会计主体而言，企业数据资产即企业合法拥有或者有效控制、能够进行计量、为企业直接或者间接带来经济利益的数据资源。具体来说，企业数据资产具备合法拥有或有效控制、可辨认性、预计价值流入、成本可靠计量四个特性。

首先，合法拥有或有效控制是企业数据资产的前提基础。在“数据二十条”所倡导的数据资源持有权、数据加工使用权、数据产品经营权等分权运行机制下，企业数据资产的权属清晰、来源合法成为不可或缺的判断准则。企业需确保对所持有的数据资产拥有明确的权属证明，或能通过事实依据展示其对数据资源的合法控制力。同时，数据资产的来源必须合法合规，远离权属争议、侵权风险及任何违法违规行为，其获取途径涵盖外部授权采集、许可经营、合法交易及企业内部自主生产等多个维度。

其次，可辨认性是企业数据资产的重要特征。这要求数据资产需具备从企业中分离或划分出来的能力，能够独立于企业的其他权益，单独或与其他合同、资产、负债等组合使用，以实现出售、转移、许可、租赁或交换等目的。此外，数据资产的可辨认性还需根植于合同性权利或其他法定权利的事实基础，即需判断数据资产是否能在物理或逻辑层面与企业实现分离，并具备独立使用或交易的价值。

再次，企业数据资产的预期收益需具备流入企业的可能性，且这种可能性需大于 50%，以符合《会计准则 13 号——或有事项》中关于经济利益流入或流出概率的规定。企业在评估数据资产时，应综合考虑其使用寿命内的各种经济因素，包括订单合同、使用用途、质量保证等，以合理估计并证明预期价值流入的概率。

最后，成本可靠计量是企业数据资产价值确认的关键环节。企业需建立全面、准确的成本核算体系，确保数据资产的成本能够得以可靠计量，并准确反映在财务报表中。这一要求不仅关乎数据资产价值的真实性，更是企业财务管理规范化、透明化的重要体现。

（二）数据资产入表的内涵和作用

1. 数据资产入表的内涵

数据资产，作为驱动数字经济发展的核心动力，其潜在价值的持续挖掘与创造，正引领着数据资产化进程迈向新的高度。在此背景下，将数据资产正式纳入企业资产负债表，已成为数据资产化发展中不可逆转的必然趋势。数据资产入表，意味着将数据资产视为企业资产的重要组成部分，进行系统化管理与精确核算，从而在会计主体的资产负债表中得以真实、全面地体现其价值贡献与水平。数据资产入表的过程，涉及一系列严谨且复杂的会计处理程序，主要包括数据资产的确认、初始计量、后续计量、处置与报废、资产负债表列报以及会计报表附注的信息披露等六大核心环节。在数据资产确认阶段，首要任务是明确界定哪些资源可归类为数据资产，并确定其应归属的会计科目，为后续的会计处理奠定坚实基础。随后，进入数据资产的初始计量阶段，即对新确认的交易与事项进行首次价值量化与确定，确保入账金

额与方式的准确无误。而后续计量环节，则关注于已记录项目价值的动态变化，当存在充分且适当的证据表明其价值发生增减变动时，及时进行再计量，以反映其在资产负债表上的真实价值。经过这一系列精细的会计处理后，企业需在资产负债表中清晰列报数据资产的详细状况，并通过会计报表附注，对数据资产的具体构成、价值变动及重要事项进行详尽披露，从而为投资者、债权人等利益相关者提供全面、透明的财务信息，助力企业实现数据资产的高效管理与价值最大化。

2. 推动数据资产入表的作用

推动数据入表对微观企业、中观产业以及宏观经济均具有重要影响。

从微观企业视角审视，将数据资产纳入财务报表，能够有效扩充企业的资产规模，进而降低资产负债率，优化企业的资本结构。此举不仅增强了企业的债务偿还能力，还显著提升了其在贷款融资过程中的信用评级。同时，将数据资产的相关投资支出从费用类科目转变为资产类科目，有助于减轻投资初期对企业营业利润的负面影响，平滑企业的盈利波动。长远来看，这一调整能够更真实地反映企业的盈利状况，助力企业利润率的稳步提升，从而向市场及投资者客观、全面地呈现企业的盈利能力。

转向中观产业层面，数据资产入表无疑为企业加大数据资产的开发与利用提供了强大动力，有力推动了数据要素相关产业生态的蓬勃发展。这一过程中，数据集成、数据加工、合规认证、安全审计、资产评估等第三方专业数据服务得以迅速崛起，充分发挥了数据要素在优化产业结构、提升产业效率以及促进产业创新方面的关键作用。

从宏观经济层面来看，数据资产入表的重要性同样不言而喻。数据资产入表作为当代经济信息化发展的重要体现，能够真实、全面地反映经济运行的状态与趋势，从而深刻彰显数据资产在驱动经济社会发展中的核心贡献。为推动这一进程，将数据资产正式纳入统计核算体系显得尤为迫切。此举不仅能有效激活数据要素市场的供需活力，促进数据资源的高效流通与利用，还能通过客观、高效的会计处理机制，为数据资产的市场化配置奠定坚实基础。进一步地，这有助于构建一个公平合理的市场贡献分配机制，优化整体市场资源的配置效率，进而稳固并强化数据财政在国家经济发展中的基础性地位。

二、数据资产入表发展的现状和难点

（一）数据资产入表发展的现状

当前，数据资产入表已成为各类市场主体竞相探索的热点领域。在制度构建层面，我国多地政府积极响应，北京、贵州、上海、广东、河南等地相继颁布了一系列政策措施，旨在探索并建立健全数据资产入表的管理框架与引导机制，为数据资产化进程提供坚实的制度保障。

在理论研究领域，企业与学术研究机构正携手并进，深入探索数据资产的会计核算体系。研究重点聚焦于成本归集方法、分摊机制设计、数据管理流程优化以及内部控制机制构建等方面。例如，光大银行相继发布了《商业银行数据资产估值白皮书》与《商业银行数据资产会计核算研究报告》，为行业提供了宝贵的理论参考。同时，信通院也推出了《数据资产化：数据资产确认与会计计量研究报告（2020）》，进一步丰富了数据资产会计理论的研究成果。

在实践探索层面，数据密集型行业的企业已率先开展数据资产模拟入表的试点工作。诸如开运联合、罗克佳华等企业，作为北京市数据资产入表的先行者，依托北数所的平台优势，积极探索数据资产化的实践路径。此外，地方国资平台也不甘落后，德阳国科数字产业发展集团有限公司、数字大理建设运营有限公司等国有企业纷纷加入数据资产入表的探索行列，致力于寻

找适合自身特点的数据资产入表解决方案与实施策略。

（二）数据资产入表发展的难点

虽然我国已取得诸多研究与试验成果，但企业数据资产入表仍处于起步探索阶段，尤其在数据资产的确认、会计计量和信息披露等会计处理实务环节面临诸多难点和堵点。

首先，数据资产作为一种新型资产，其确认条件与其他传统资产有所不同，这主要体现在以下方面：第一，数据资产的产权形态展现出多样性和复杂性的特征，对于这一特性的理解仍需深化并达成共识。尽管“数据二十条”政策提出了数据产权的分置框架，但对于数据所有权、使用权、处分权、收益权及用益权等具体权利的内涵与界限并未给出清晰的界定。在商业实践中，由于相关权利主体缺乏统一的行为准则，企业往往难以准确识别并界定自身所持有的数据资产的权利类型及其具体内容。第二，数据资产的权属界定面临诸多挑战。相较于企业内部自主生成的数据资产，通过外部渠道获取的数据资产其来源更为多样且复杂，权利链条也更为冗长和交织。由于数据主体众多且分布广泛，加之多源数据可能已深度融合，这使得数据链条下游的企业在验证其数据资产来源的合法性、合规性、可靠性以及真实性时遭遇重重困难，难以收集到充分且有效的事实依据来支撑其权属主张。第三，数据资产预期收益的评估方法尚缺乏统一、明确的标准与规范。在进行评估时，会计人员需充分发挥其专业素养和丰富经验，综合考虑市场状况、行业发展趋势、技术进步等多种因素，进行全面、细致的分析与判断。这一过程要求会计人员不仅具备扎实的会计理论知识，还需对市场动态和行业趋势有敏锐的洞察力，以确保数据资产预期收益评估的准确性、合理性和可靠性。

其次，数据资产的计量方法具有高度的复杂性，且在实际操作中缺乏足够的经验支撑。在初始计量阶段，企业面临的主要难题在于精确界定数据资产的成本构成。由于缺乏有效的成本归集与分摊机制，数据资产的初始价值往往难以准确确定。这一问题的根源在于数据资产所独有的可复制性、可更新性及可转化性等特点，这些特性导致其价值具有高度的不确定性。现有的后续计量方法可能无法真实、准确地反映数据资产的实际价值，同时，计量过程中的成本控制也构成了一大挑战。在后续计量会计期间，数据资产价值变动的核算更是充满了实践难点。首要问题在于数据资产使用寿命的预估。受多重不稳定因素的影响，如权利限制、数据时效性、业务模式变化以及应用场景调整等，数据资产的经济使用寿命变得难以捉摸。与传统资产不同，数据资产使用寿命的衡量不再仅仅依赖于当前的市场状况及资产盈利能力。然而，由于数据资产市场尚处于初级发展阶段，成熟的衡量方法及明确的判断标准尚付阙如，这无疑增加了使用寿命预估的难度。此外，数据资产的摊销与减值处理同样棘手。传统资产在使用过程中会产生物理损耗，而数据资产的经济损耗则难以直观衡量。这一特性使得数据资产的摊销方法及摊销期限的确定变得极为复杂且充满挑战。同时，由于数据资产市场价值波动频繁，企业往往难以及时、准确地评估数据资产的可收回金额及可变现净值。这一不确定性给数据资产的减值处理带来了极大的困扰，使得企业在处理数据资产时面临更多的风险与挑战。

再次，数据资产会计信息的披露伴随着更高的商业秘密泄露风险。在遵循法定强制披露要求或基于自愿原则进行披露的过程中，企业不可避免地会涉及数据资产的来源途径、处理工序、交易细节以及权利约束等核心要素。对于以数据为核心驱动力的企业而言，此类信息极有可能触及其核心商业秘密。因此，出于保护商业秘密的深切考量，企业在披露数据资产会计信息时往往采取极为谨慎的态度，甚至可能选择暂时观望，以避免潜在的风险暴露。

最后，企业在数据资产入表方面面临着内部控制体系不健全的困境，这一现状阻碍了大量优质数据资产持续且稳定地整合入企业的财务报表体系。

由于尚未构建数据资产入表的常态化与长效化运行机制，企业在数据资产的管理实践中容易出现诸多不规范之处，包括会计核算与报告的不完整性、管控措施的执行力不足等。这些问题不仅削弱了企业对数据资产的有效管理，还可能诱发潜在的审计风险，进而对企业的财务安全及合规性构成威胁。

三、数据资产入表的参考路径

（一）创新数据资产形态，厘清数据资产确认条件

面对海量且尚未明确界定的数据资产，企业必须采取有效措施对数据资产的形态进行细致分类，以逐步化解确权与授权过程中的复杂性。在深入理解和遵循“数据二十条”所提出的产权运行机制的基础上，可以根据数据的性质与用途，将数据资产划分为数据资源类资产、数据要素类资产以及数据产品类资产三大类别。

数据资源类资产，作为数据的原始形态，承载着最为完整且全面的信息。这类资产要求企业确保其来源的真实可靠性、合法合规性，并明确其预期收益的实现路径。当企业自主采集数据资源时，必须确保采集与处理的方式严格符合合规标准，避免任何数据权属的争议，并清晰界定数据资源的使用目的，以确保其能够带来可预期的经济收益。而对于通过外购、授权或许可等方式获得的数据资源类资产，企业则需持有合法的交易合同、授权或许可协议，并在协议约定的框架内进行数据的处理与开发工作。

数据要素类资产，作为数据资产的中间形态，是通过对原始数据进行脱敏处理，并根据需求组合相关字段或建模形成的数据特征。企业在拥有这类资产时，应首先确保原始数据的来源合法且无权属争议，同时保障数据的质量。对于外购的数据元件，由于其权属相对明确，企业应更加关注其价值创造的路径与收益模式。而若数据元件是企业自主生产或委托加工生产的，鉴

于其原始数据或加工原材料的多样性与复杂性，企业则需特别注意加工过程中可能涉及的数据权属问题与合规开发的要求。

数据产品类资产，则是基于数据要素或数据资源进一步加工、开发而成的最终形态数据资产。对于这类资产，企业同样需确保原始数据或数据元件的合法性、无权属争议，并在此基础上，精心设计产品的加工流程，以确保最终产品的合规性与市场价值。同时，企业还应密切关注市场动态，不断优化产品策略，以实现数据资产的最大化利用与收益。

在会计处理实务中，企业应严格遵循《暂行规定》所确立的会计准则，依据数据资产的持有目的及其业务模式的差异，对数据资产进行恰当的分类与确认。对于那些在企业经营活动中被使用，并且满足《企业会计准则第 6 号——无形资产》（财会〔2006〕3 号）所规定的定义及确认条件的数据资源类资产、数据要素类资产以及数据产品类资产，应将其确认为无形资产。这类资产通常具有长期的使用价值，且其非物质性和可复制性使得它们在使用或提供服务后仍然保持完整，并具备向多个购买方重复销售的能力。相反，对于那些在企业日常活动中持有，且最终目的是用于出售，同时符合《企业会计准则第 1 号——存货》（财会〔2006〕3 号）所规定的定义及确认条件的数据资源类资产、数据要素类资产以及数据产品类资产，则应将其确认为存货。这类资产通常具有明确的销售目的，并且在销售过程中，其相关权属会一并转移给购买方。特别地，当企业持有的数据资产被用于定制化开发，且其销售具有排他性时，这种资产的属性更符合存货的特征。

（二）遵循会计处理准则，明确数据资产核算方法

数据资产的成本构成复杂，主要由采购成本、加工成本以及其他相关成本三大部分构成。首先，就采购成本而言，其涵盖了数据资产的购置价款、相关税费以及为保障数据安全而产生的保险费用等多项支出。其次，加工成本则涉及数据从原始状态到可利用状态的全过程中所发生的直接人工和制

造费用。具体而言，直接人工成本包括了数据采集、脱敏、清洗、标注、整合、挖掘、开发、分析以及可视化等各个环节的员工薪酬与福利支出；而制造费用则囊括了硬件设备折旧、软件资产摊销、水电消耗以及间接人工费用等多样化开支。此外，数据资产的其他成本也不容忽视，如数据权属的鉴证费用、质量评估费用、登记结算费用以及为确保数据长期可用而产生的存储费用等。值得注意的是，数据资产的形成方式具有多样性，主要包括外部购买、自主研发以及其他途径。不同的形成方式会导致数据资产在成本核算上存在显著差异。因此，在数据资产入表的实践操作中，必须充分考虑数据资产的内外部获取方式及其具体形态的差异，以确保能够全面、准确地计量数据资产的初始成本。这一过程的复杂性和挑战性不容忽视，需要财务人员具备深厚的专业知识和丰富的实践经验，以确保数据资产成本计量的准确性和合理性。

数据资产的后续计量，相较于其基于历史实际成本的初始计量，对于数据资产在资产负债表上的最终列示价值具有决定性影响。在后续计量的实践过程中，首要任务在于明确数据资产的使用寿命，这一寿命可从法定寿命与经济寿命两个维度进行深入剖析。法定寿命，是依据相关法律法规、规章制度或合同条款所明确界定的使用期限，具有法律约束力；而经济寿命，则是指数据资产能够持续为企业带来经济利益的时长，直至其使用价值完全丧失或与企业需求不再相关为止。对于通过合同或协议方式获取的数据资产，其使用寿命自然受到合同所约定范围的严格限制。在此情况下，企业需在合同或协议的框架内，综合考虑各种相关因素，以科学合理地判断数据资产的实际使用寿命。若无法依据上述两种途径来确定数据资产的使用寿命，则表明该数据资产的使用价值存在显著的不确定性。在此情形下，为避免误导性信息的产生，不宜对其进行后续计量，而应依据相关会计准则进行妥善处理。

其次，在数据资产的摊销方法上，需充分考虑数据资产时效性强、更新频率高的独特属性，以及其在经济寿命初期所展现出的显著经济价值。鉴于这些特点，采用加速摊销法显得尤为合理。伴随技术的持续进步和市场竞争的不断加剧，数据资产的价值往往会随时间推移而呈现逐渐下降的趋势。因此，选择加速摊销法，即依据先多后少的摊销原则，将摊销额在各摊销期内进行均匀分配，能够确保数据资产在预计使用年限内得到更为迅速且合理的价值补偿。

最后，在计提数据资产的减值或跌价准备时，必须高度重视其市场价值的变动情况。对于数据资产价值的评估，若存在明确的合同约定价格，则应以此作为计算减值或跌价准备的重要依据；若缺乏合同价格作为参考，则应依据一般市场价格进行合理估算。一旦发现数据资产存在减值或跌价的风险迹象，企业应严格遵循无形资产或存货的相关会计准则，及时、准确地计提减值或跌价准备，并审慎评估后续是否需要进行进一步的资产处置或报废操作。这一做法不仅有助于维护会计信息的真实性和可靠性，还能为企业决策层提供更为精准、有价值的财务参考信息，从而助力企业做出更为明智的决策。

（三）兼顾安全和隐私，探索表内外信息披露方式

《暂行规定》明确指出，在资产负债表的“无形资产”与“存货”两大核心项目之下，应增设“其中：数据资源”这一具有特定意义的子项目。这一举措的目的在于，清晰且准确地展现报表日那些被确认为无形资产或存货形态的数据资产之期末账面价值。此规定虽未对现有会计准则的基本框架进行突破性修改，但通过将数据资产作为二级会计科目进行专门列示，无疑凸显了其在当代企业资产构成中的重要地位。

在执行表内披露的过程中，企业必须坚守客观性与真实性的基本原则，坚决杜绝任何形式的夸大数据资产价值或虚构事实的行为，以确保所披露信息的准确无误。同时，报表附注也承担着对无形资产或存货形态的数据资产进行详尽且全面信息披露的重要职责。对于会计准则及《暂行规定》所明确规定的强制披露内容，企业应严格遵循，确保所披露信息的及时性、真实性、

客观性以及完整性，以维护会计报表的权威性和可信度。

而对于会计准则及《暂行规定》未作强制要求披露的部分，企业则需进行审慎评估，以确定哪些数据资产信息构成商业秘密。对于那些关乎企业核心竞争力、具有显著经济价值且一旦泄露可能对企业造成重大损失的数据资产，企业应在保障自身持续发展与确保数据安全之间找到恰当的平衡点。为此，企业应建立并实施有效的数据保密措施与管理制度，以严防数据资产作为商业秘密被非法获取或泄露。同时，企业还应建立商业秘密的定期评估与动态调整机制，对于那些已不再属于商业秘密范畴的数据资产信息，应及时、主动地进行披露，以此全面、真实地反映企业数据资产的实际价值，进而促进数据资产价值的最大化利用与有效释放，为企业的长远发展奠定坚实基础。

（四）形成常态管理机制，构建数据资产内控体系

从长远的角度来看，数据资产入表并非一项临时性或阶段性的任务，而是需要企业从战略高度进行整体规划和持续推动的重要工作。这一进程不能仅仅依赖于企业内部某个业务或财务部门的单独努力，而是应当将其全面融入企业的基础管理体系，构建一个多维度、深层次的数据资产内部控制管理体系。通过这样一种自上而下的系统性方法，可以促使数据资产入表形成一套常态化的运行机制，从而有效保障数据资产会计处理的连续性和稳定性，为企业的长远发展奠定坚实基础。

为确保数据资产会计处理的规范性，企业在构建数据资产入表内部控制体系时，必须注重体系的全面性和层次性。具体而言，该体系应当涵盖管理层、执行层以及操作层三个关键层面。管理层作为数据资产入表内部控制体系的决策核心，应当明确数据资产的管理战略和政策导向，并制定切实可行的实施方案，确保这些战略和政策能够得到有效执行。执行层则承担着具体落实数据资产入表方案的重要职责，它们需要紧密围绕管理层的战略部署和政策要求，通过精细化管理和严格监督，确保数据资产入表工作的精确性和

合规性。而操作层作为数据资产入表工作的直接实施者，更应严格遵守执行层的指导和政策规范，通过规范操作流程和强化质量控制，确保数据资产入表工作的准确无误和高效有序。通过这样一个层次分明、职责明确的内部控制体系，可以有效保障数据资产入表工作的规范性和有效性，为企业的数据资产管理提供有力支撑。

依据企业管理颗粒度，内控制度可以细分为三个层级：一级管理办法、二级实施细则以及三级操作规范。这一分类框架不仅体现了企业通用制度的全面性，还充分考虑了针对特定业务的专项制度的特殊性。在一级管理办法的宏观层面，企业应从管理层的战略视角出发，对数据资产入表的相关工作进行全面而系统的规范。这包括但不限于明确管理目标，以指导整个数据资产入表工作的方向；确立管理原则，为具体工作提供基本遵循；设定管理流程，确保各项工作有序进行；构建组织架构，明确各部门职责；合理配置人员，确保工作力量充足；制定监督考核机制，激励和约束并重；以及建立评估优化机制，持续改进管理效果。同时，针对数据资产的独特性，还需详细规定会计核算方法、财务管理要求等核心业务环节，以确保数据资产入表工作的专业性和准确性。由于传统会计核算与财务管理办法往往对数据资产缺乏专门规定，因此在制定数据资产入表的管理办法时，应强化财务部门与数据业务部门之间的沟通与协作，通过跨部门联合研讨，共同探索并制定出行之有效的管理办法，以充分适应数据资产入表的新要求。在二级实施细则的中观层面，企业需从数据资产入表的执行层视角出发，紧密围绕一级管理办法的相关要求，详细制定各项工作的执行标准、操作规范及具体流程。这应涵盖数据资产的会计确认、计量、报告以及财务管理等多个核心环节，确保每一项工作都有明确的操作指南和依据。通过细化执行标准，明确操作规范，可以大大提高数据资产入表工作的效率和准确性。而在三级操作规范的微观层面，企业则需进一步从操作层的具体视角出发，依据二级实施细则的具体内容，细化并明确数据资产入表各项工作的具体操作规程、工作手册或模板文件等。这有助于确保操作人员在工作过程中能够严格遵循规范，保持操作

的一致性和规范性，从而有效提升数据资产入表工作的整体质量。此外，在构建完成企业数据资产入表的内控制度体系之后，企业还应以此为基础，积极开展针对性的培训活动。通过培训，可以提升员工对数据资产入表工作的理解和执行能力，确保他们能够熟练掌握相关制度和流程，为数据资产入表工作的顺利实施提供有力保障。同时，企业还应建立长效机制，持续关注和评估数据资产入表工作的实施情况，及时发现并解决问题，确保数据资产入表工作的规范化、专业化得以持续落实和发展，为企业的数据资产管理奠定坚实基础。

总之，现阶段，企业推动数据资产入表，应当以国家政策方针为引领，以《暂行规定》和会计准则为指导，结合自身总体发展战略和数据资产发展状况，选择适用、可行的数据资产入表路径。

第三节　云计算在财务管理中的应用

一、云计算技术的基本分析

云计算作为分布式计算领域的一个重要分支，是信息技术不断深度融合与演进过程中的璀璨结晶。它以一种密集型的计算模式，将数据与处理能力的核心地位推向了新的高度。云计算依托于独特的“云”网络架构，能够高效地对大规模数据程序进行拆解，并实现分布式处理，从而极大地提升了数据处理的效能。虚拟化技术与分布式数据存储技术，作为云计算的两大核心技术支撑，不仅显著增强了数据处理的速度与效率，还赋予了云计算快速提供强大网络服务的能力，使其成为现代信息技术领域不可或缺的重要力量。

云计算作为信息时代的一项重大技术创新，其出现不仅标志着信息技术领域的深刻变革，也预示着数据处理与服务模式的新纪元。这一技术以其独特且显著的特点，在诸多方面展现出无可比拟的优势。首先，云计算极大地促进了信息的便捷共享。通过云端平台，用户可以跨越地域限制，实时访问与共享数据资源，从而有效打破了信息孤岛，增强了信息的流通性与可用性。其次，云计算显著简化了业务流程，提升了工作效率。它通过集中化的管理与自动化的服务部署，减少了传统 IT 架构下的烦琐操作，使得企业能够更专注于核心业务的发展。此外，云计算还具备庞大的资源存储能力，能够轻松应对海量数据的存储需求，满足各类复杂应用场景下的数据处理与分析要求，为大数据时代的信息化建设提供了坚实支撑。

然而，云计算的安全性问题日益凸显，成为制约其进一步发展的关键因素。安全隐患主要源自云外部与云内部两大方面。云外部隐患主要表现为数据控制力的不足，可能引发数据丢失的风险，同时面临着黑客入侵的严重威胁，导致信息泄露的可能性大幅增加。而云内部则存在数据安全隔离的难题，以及数据一旦丢失后恢复能力不足的困境。因此，持续关注和不断改进云计算的安全性，对于保障信息资产的安全与稳定具有至关重要的意义。也并非完美无缺。

二、云计算技术为财务管理带来的优势

在当今商业环境中，企业对财务管理数据的精准性与时效性要求日益严格。财务数据，作为企业资金状况、经济动态及资金流转的核心记录，其重要性不言而喻，堪称企业的生命线。随着大数据时代的汹涌来袭，我们步入了一个高度智能化的数据新时代，云计算等前沿科技应运而生，为企业的财务管理带来了革命性的变革。

云计算技术以其强大的数据处理与存储能力，为财务管理领域带来了深刻的变革与赋能。通过云计算平台，财务资源得以实现即时共享，这一特性极大地减轻了财务人员的工作负担，提高了工作效率。同时，云计算技术的运用显著降低了财务管理的运营成本，通过规模化效应和自动化流程减少了

人力与物力的消耗。此外，该技术还增强了财务管理的控制力，使得管理会计体系得以更加完善。云计算推动了财务数据的数字化与智能化转型，为企业管理提供了精准的数据支撑，进而助力决策过程的科学性与合理性。最终，这些综合效应共同提升了企业的整体运营效能，为企业在激烈的市场竞争中奠定了坚实的基础。

此外，云计算技术凭借其卓越的计算与处理能力，在财务数据的收集、存储、运算及处理方面展现出了无可替代的作用，极大地推动了企业财务管理的智能化进程。在这一趋势下，传统的财务管理模式正逐渐被淘汰，基础财务工作日益被信息化手段所取代。这无疑为财务管理的未来发展指明了新的方向，即向着更加智能化、高效化的方向迈进。

三、云计算技术在财务管理中的应用与优化

（一）构建高效云计算财务管理系统以实现数据精准管理

鉴于财务数据的准确性对于企业的财务决策与运营至关重要。因此，将云计算技术与企业财务管理体系深度融合，构建一套基于云计算的财务管理系统显得尤为迫切。此系统应能全面收集各类财务数据，并利用大数据技术的强大处理能力，对这些数据进行深度清洗、整理与分析，从而确保企业财务数据的精确无误，并有效保障企业财务信息的安全性。[①]在数据管理应用中，云计算的实时分析能力能够充分发挥其优势，对财务数据进行即时处理，为企业的财务决策提供有力支持。同时，云计算在数据挖掘方面展现出的巨大潜力，能够深入剖析数据间的复杂关联，及时发现并预警数据中的异常值，进而推动企业在财务核算、决策制定等多个层面实现协同与高效。

① 严秀锋. 财务管理中的云计算技术应用现状及趋势分析［J］. 当代会计，2020（19）：83.

（二）强化风险管控以提升云计算技术应用的安全性

云计算作为当代信息技术的核心组成部分，其本质在于对海量数据的深度挖掘与高效处理能力。这一特性的发挥，对于财务管理领域而言，意味着前所未有的变革机遇。为了实现财务管理的现代化转型，必须将传统财务管理流程与云计算技术进行深度融合。通过云计算的强大计算能力，可以显著提升数据处理效率与准确性，从而为企业决策提供更为精准的数据支持。在此过程中，财务人员作为财务管理的主体，面临着新的挑战与要求。他们不仅需要不断更新自身的知识体系，以适应技术发展的步伐，还需密切关注云计算技术的最新动态，确保能够灵活运用新技术解决财务管理中的实际问题。同时，为了应对可能的技术风险，财务人员还应制定完善的应急响应机制。

此外，借助云计算与大数据技术的协同效应，可以构建起一套全面的风险管控体系。这一体系能够有效识别并规避潜在的财务风险，为企业的稳健发展提供有力保障。而为了确保云计算应用的安全性，必须采取严格的安全措施，确保财务数据的绝对安全，从而为企业在数字化时代的长远发展奠定坚实基础。

综上所述，随着科学技术的发展，传统的财务管理模式已经不能满足企业财务管理的实际需求，必须借助云计算等技术实现财务管理的信息化与智能化。在借助云计算技术的优势时，需要有效规避云计算在数据易泄漏方面的劣势，加大风险管控力度，构建云计算财务管理系统，提升财务管理的运行效率，保障财务数据的安全。

第四节　人工智能驱动财务管理创新

随着人工智能技术的迅猛发展，企业财务管理的范畴已显著拓宽，其变

革远非局限于技术工具的简单植入，而是一场深刻颠覆传统财务管理理念、模式及流程的革命。通过智能分析、自动化处理等前沿技术的深度融合，企业财务管理人员能够以前所未有的效率处理庞大数据集，深度挖掘隐藏信息，精准捕捉市场动态，从而优化资源配置策略，并大幅度提升决策制定的整体效能与科学性。

一、人工智能技术给财务管理带来的积极影响

（一）人工智能技术对财务识别的影响

随着人工智能技术的飞速发展，其在财务领域的应用正逐步深化，驱动着财务核算流程的深刻变革。这一变革始于高效的数据采集阶段，通过先进的数字化手段，实现财务数据的快速汇集。随后，智能识别机制被广泛应用，能够自动识别并分类各类财务数据，为后续的精细化解析与处理奠定坚实基础。在此过程中，分类算法发挥着核心作用，能够精准地将账户与文件内容进行匹配，确保数据处理的准确性。智能化会计软件则进一步提升了这一流程的效率，它能够自动捕获关键数据，并生成精确的财务报表。这一系列变革不仅显著提高了财务核算的效率，还有效降低了人为误差，从而极大地增强了财务管理的准确性和可靠性，为企业的财务健康提供了有力保障。

（二）人工智能技术对财务核算的影响

在当下数字化浪潮的汹涌推动下，人工智能技术于财务数据处理领域内，正展现出前所未有的高效能与巨大潜力。人工智能凭借其强大的计算能力，已然超越了人类处理数据的极限，为财务管理带来了革命性的突破。

首先，就计算能力而言，当前的人工智能系统每秒可执行高达数亿次的

复杂运算，且这一惊人的性能仍在持续攀升之中。这种超高速、高密度的计算能力，无疑为财务处理领域带来了颠覆性的变革，使得大规模、高复杂度的财务数据运算变得轻松可行。

其次，在财务核算的实际应用中，人工智能技术的优势同样显著。传统模式下，财务人员需投入大量时间与精力进行数据的录入、核对与计算，工作烦琐且易出错。然而，人工智能的介入极大地简化了这些流程。如今，财务人员仅需将原始数据输入系统，或利用先进的扫描技术快速采集数据，即可借助人工智能算法高效完成后续的核算工作。这不仅大幅缩短了财务核算周期，提高了工作效率，更确保了核算结果的准确无误，从而显著增强了财务核算的时效性与可靠性。

最后，人工智能技术的引入还为财务人员创造了更为广阔的价值空间。从烦琐的数据处理中解脱出来后，他们得以将更多精力投入战略性财务分析、决策支持等更高层次的工作中。例如，深入剖析财务数据背后的业务逻辑，预测市场未来的发展趋势，评估潜在的投资风险等。这些深层次的预测与分析，对于企业的长远发展而言，无疑具有举足轻重的意义。

二、人工智能技术加持下财务管理的创新路径

（一）转变管理理念，树立更强的转型意识

人工智能在财务管理领域的深远影响，绝非仅限于技术层面的革新，而是从根本上重塑了财务管理的核心理念，成为推动企业持续前行的重要引擎与未来战略发展的核心工具。为紧跟智能财务的蓬勃发展态势，企业必须积极应对变革，及时更新财务管理理念，将数字化转型深度融入财务管理的每一个环节。

首先，企业高层管理者的理念转变对于智能财务的发展具有举足轻重的地位。随着人工智能技术的不断渗透，财务管理领域正经历着前所未有的变

革。人工智能不仅极大地提升了财务管理的透明度，使得数据流转更加公开、公正，还对传统权力结构与管理模式构成了严峻挑战。智能财务系统的引入，通过强化数据监控与分析能力，有效减少了人为干预，提高了财务决策的精准度与效率。因此，企业高层管理者需具备前瞻性的眼光，主动调整管理理念，积极支持智能财务系统的建设与实施。同时，还应着力营造企业内部智能财务建设的良好氛围，激发员工的参与热情，共同推动企业财务管理的智能化转型。

其次，对于财务管理一线的管理人员而言，转变工作理念同样重要。随着人工智能技术的迅猛发展，传统财务角色正经历前所未有的变革，这对财务人员提出了更为严苛的专业要求。为适应这一趋势，财务人员必须积极拥抱数字化转型，深入学习数据分析、机器学习、大数据处理等前沿知识与技能，以提升自身在智能财务环境下的竞争力。企业应充分认识到这一转变的紧迫性，加大对财务人员专业培训的投入力度，构建系统化、实战化的培训体系。同时，通过广泛宣传智能财务的成功理念与实践案例，激发财务团队的创新思维与变革意识，鼓励他们在财务管理领域中探索更多智能化应用的新路径，共同推动企业财务管理的现代化进程。

（二）提高内控规范性

在财务管理领域，人工智能技术的融入显著增强了风险识别与应对的精准度和效率，展现出其独特的优势。智能财务作为一门新兴的交叉学科，其内涵丰富且结构复杂，呈现出高度的系统性和综合性特征。然而，在企业推进系统深度整合的过程中，不同系统间的兼容性成为一大挑战。这种不兼容往往导致“信息孤岛”现象的出现，即各个系统间的数据无法有效流通与共享。信息孤岛的存在，不仅影响了数据的全面性和准确性，更成为智能财务建设过程中亟待解决的难题。

智能财务的兴起，无疑为企业财务管理带来了前所未有的便利与显著优势，其通过自动化处理、数据分析及预测能力，极大地提升了财务工作的效率与准确性。然而，这一变革并非毫无风险，智能财务的广泛应用同时也伴随着一系列潜在的挑战与风险，如数据安全、系统稳定性及操作合规性等，这要求企业必须构建一套严密且高效的内部控制机制，以确保各项财务规范得以有效贯彻与严格执行。在智能财务的背景下，传统的内部控制框架已难以满足新环境的需求，企业应当根据自身业务特点与智能财务系统的特性，量身定制一套与之高度匹配的内部控制体系。这不仅要求体系具备足够的灵活性以适应技术的快速发展，还需确保控制措施的全面性和有效性。此外，智能财务的推广也为财务人员提供了更广阔的发展空间，促使他们向更高层次的分析、决策支持角色转型。然而，当前许多企业的财务管理制度仍停留在传统模式，未能及时跟上技术变革的步伐。这种制度上的滞后，往往导致流程设计不合理、操作标准不统一等一系列问题，严重影响了智能财务系统的应用效果。因此，企业必须着手制定详尽且科学的内部控制规章制度，明确智能财务系统的实施路径、资金管理流程以及具体的风险控制措施。通过不断细化制度内容，消除潜在的风险隐患，从而确保智能财务系统能够在安全、高效的环境中稳定运行，为企业创造更大的价值。

构建健全的内部控制制度只是第一步，更要确保这些制度能够切实执行并发挥出实质性的效果。为了实现这一目标，企业必须着手构建一个全面且高效的监督体系，该体系应当无缝覆盖制度实施的全过程，从制度设计、执行到反馈的每一个环节，确保监督的无死角和连续性。尤为关键的是，监督体系应精准聚焦于财务决策中的关键节点，这些节点往往是风险与机遇并存的敏感区域。通过强化内部审计的独立性与专业性，以及适时引入第三方评估机构进行客观公正的评价，可以实现对财务活动的全方位、多层次监控。此举旨在及时发现并有效纠正执行过程中出现的任何偏差，确保内部控制制度得到严格遵循，不留盲点。在智能财务日益兴起的当下，信息技术的飞速发展为企业内部控制提供了新的机遇与挑战。因此，建立健全与智能化环境相适应的内部控制制度，并进一步强化监督机制，显得尤为迫切。这不仅有

助于保障企业财务管理的规范性与有序性，还能显著提升财务决策的科学性和效率，为企业的可持续发展奠定坚实的基础。

（三）构建智能化风控系统

智能财务管理系统的涌现，标志着人工智能技术与财务管理领域的深度融合，堪称财务管理模式变革的一个里程碑。为了显著提升企业整体财务管理的效能，构建一套高效且精准的财务风险预警体系显得尤为重要。这一体系以智能财务风险管理模块为核心，巧妙地融合了信息采集处理、风险预警发布、风险监控应对等多重功能，为企业的稳健运营提供了坚实有力的支撑。

首先，智能财务管理系统的持续优化，特别是其核心功能的不断增强，对于实现精细化的风险控制具有举足轻重的意义。作为财务智能化转型过程中的标志性成果，财务共享中心不仅代表了财务管理模式的前沿探索，更是风险管控机制创新的集中体现。通过高效获取多维度财务数据，并结合先进的模型进行深度挖掘与分析，财务共享中心能够前瞻性地识别潜在风险点，有效预防财务危机的发生。此外，自动化处理技术的融入显著提升了费用核算、审批流程以及发票校验的效率，降低了人为错误，增强了财务管理的精准度。更为重要的是，财务共享中心构建起了覆盖全业务链条的监督网络，确保了财务管理的透明性与公正性，为企业的稳健发展提供了坚实的制度保障。

其次，智能财务管理系统在预算风险控制方面的显著强化，为提升企业全面预算管理水平提供了有力抓手。全面预算作为财务管理的核心要素，其制定与执行直接关系到企业经营管理的效能与成效。为了进一步提升预算管理的科学性与精准度，智能财务系统与ERP（企业资源计划）系统的深度整合成为必然趋势。通过充分利用ERP系统的预算控制功能，并结合智能财务报表的实时数据分析能力，企业能够实现预算规划的精细化与动态化。更为关键的是，智能财务管理系统内置的预警机制能够实时监控预算执行情况，及时发现并推送预算超支风险，为管理者提供了迅速响应与有效应对的决策支持，从而确保企业财务管理的稳健与高效。

（四）提升相关财务人员的综合素养

随着人工智能技术的广泛渗透与深入应用，企业财务领域的从业者正面临着前所未有的工作理念转型挑战。在这一时代背景下，财务专业人员亟须进行自我审视与全方位的能力提升。这不仅包括对传统道德伦理的坚守与传承，更涉及对专业知识的不断更新与深化，以及对前沿技术应用能力的熟练掌握。个人修养与职业素养的双重提升，成为财务人员适应新时代、迎接新挑战的必要条件。

同时，企业作为财务转型的主体，应积极引领这一浪潮，深入研究人工智能等前沿技术，敏锐捕捉科技变革所带来的机遇。通过洞察市场动态，灵活调整经营策略，企业得以在激烈的市场竞争中维持并不断增强自身的竞争优势，实现可持续发展。

为助力员工跨越技术鸿沟，企业应启动一项全面且持续的培训计划，该计划深度融入了当前新兴技术的相关知识体系。其核心目的在于显著提升财务团队的综合素质与专业能力，以应对日益复杂的财务环境。鉴于财务人员角色定位的日益多元化，他们不仅需精通传统财务技能，还需兼具数据分析、信息技术应用等多重能力。因此，企业着重加强培训的针对性与实效性，力求全方位提升财务人员的个人能力。通过此举，确保财务人员的专业技能能够与时俱进，紧密跟随时代发展的步伐，为企业的长远发展提供坚实的人才支撑。

此外，企业应进一步完善操作手册，该手册需深度融合人工智能理论与编程基础，确保技术实践有章可循，进而加速技术向实际业务场景的渗透与融合。同时，针对财务岗位的功能布局应进行战略性调整，紧密围绕智能财务系统的特性与需求，制定出与之高度契合的岗位规划，以实现人力资源的优化配置。在这一过程中，必须遵循清晰明确的目标设定与实施步骤，坚持

稳健有序的原则，逐步推进财务管理向智能化转型。此外，通过精简传统基层岗位，增设业务与财务深度融合的新型岗位，可以进一步强化部门间的沟通与协作。最终，构建一个集人类智慧、机器智能与物理资源于一体的“人机物”协同现代财务管理新模式，为财务管理的未来发展奠定坚实基础。

第六章　财务共享及其服务中心建设研究

财务共享作为现代企业管理的新模式，正逐渐成为提升企业财务管理水平与效率的重要手段。本章将深入研究财务共享下的财务管理转型、服务中心建设及其运营改进。

第一节　财务共享下的财务管理转型

在全球经济迅猛推进的背景下，企业所处的市场竞争环境日趋激烈，遭受着源自内部与外部的双重竞争压力。为有效应对市场挑战，确保企业的长远可持续发展，提升财务管理的效能与质量显得尤为迫切。财务共享模式作为一种创新的财务管理范式，通过高效整合企业内部财务资源与引入外部专业化服务，能够显著优化财务管理流程，实现管理效率的大幅跃升。

一、财务共享模式的特征

财务共享模式的特征表现在以下方面（图 6-1）。

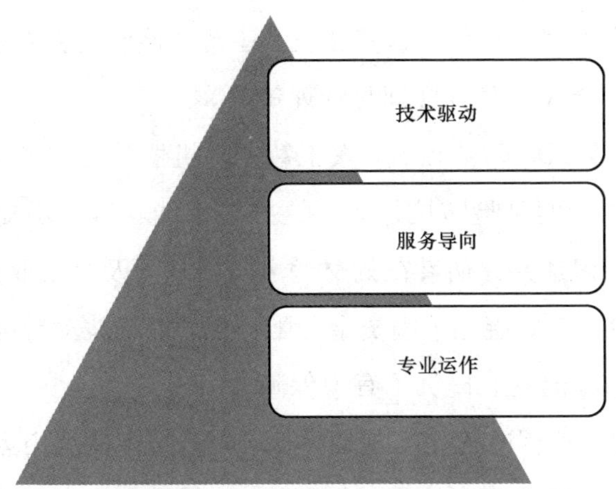

图 6-1　财务共享模式的特征

（一）技术驱动

数字技术手段作为企业财务共享模式构建与实施的基础，发挥着不可或缺的作用。通过综合运用多种信息技术，企业能够高效地进行业务流程的梳理、成本的有效控制、资源的科学管理以及风险的全面防范。因此，财务共享模式显著地呈现出技术驱动的核心特征，具体如下。

首先，在数据收集与整合的初始阶段，财务共享模式依托先进的信息系统，实现了数据处理的自动化转型。相较于传统的人工数据录入与汇总方式，该模式通过构建中央数据平台，将分散于企业各职能部门的财务数据统一归集，并利用自动化的数据收集机制，实时更新并反馈业务进展信息。这一变革不仅显著提升了数据处理的速度与准确性，还有效减轻了财务人员的工作强度，使得他们能够将更多精力投入数据的深度分析与挖掘中，从而进一步提升了数据的应用价值与决策支持能力。

其次，在财务数据的深度分析与处理环节，大数据技术、云计算以及区块链等前沿技术的融合应用，为企业财务管理提供了前所未有的信息处理能力。这些技术能够高效处理海量财务数据，通过算法模型与数据分析工具，为企业管理层提供关于盈利状况、负债水平、运营能力等多维度的财务洞察。

这些洞察不仅为管理层提供了决策依据，还帮助他们结合企业战略目标，制定出更加科学、合理的财务规划与管理策略。

再次，在财务风险防范领域，人工智能与机器学习技术的引入，为企业构建了一套智能化的风险防控体系。这些技术能够基于历史数据与实时信息，智能预测、识别并评估潜在的财务风险，从而及时采取措施进行防控。这一体系的建立，有效避免了因资金分配不当、市场波动等因素引发的财务危机，为企业的稳健发展提供了有力保障。

最后，在财务流程的优化与重构方面，先进技术的运用为企业构建了一套符合自身实际的财务管理流程体系。这一体系不仅提高财务工作的整体处理效率，还通过信息化手段促进了企业各部门间的沟通与协作。这种跨部门的高效协同，确保了企业能够迅速、准确地响应市场变化，实现既定的业务目标。

（二）服务导向

服务导向作为财务共享模式的核心特征，显著体现在其通过深度数据分析，为企业广泛利益相关者提供精准财务服务的能力上。这一模式不仅促进了财务部门所披露的财务报表及会计信息在利益相关者之间的有效传递，还使他们能够基于这些信息，全面且准确地把握企业的整体运营状况。在实践中，财务共享模式的实施实现了财务信息从企业各职能部门的分散状态向统一平台的整合，进而通过制定明确的财务服务标准与目标，精准对接并有效解决了各部门在经营管理中所面临的财务挑战，从而大幅提升了企业的风险控制能力。

具体而言，财务共享服务中心凭借其强大的数据分析功能，为企业管理层提供了深入洞察业务部门资金需求状况的窗口。这一洞察能力使得企业能够根据实际情况，灵活调整资源分配策略，确保业务部门的资金需求得到优先满足。在此基础上，预算部门得以依据业务部门的实际需求，科学编制预算方案，并实施严格的预算执行监控。这一系列的举措不仅确保了业务部门

的资金运用得到有效控制，还为其业绩目标的顺利达成提供了坚实的财务支撑。由此可见，财务共享模式通过其服务导向的特征，实现了对企业财务管理的全面优化与升级，为企业稳健发展奠定了坚实基础。

（三）专业运作

财务共享模式作为一种高度专业化的财务管理模式，其运作机制精细且专业，旨在全面且高效地执行财务部门的各项职能，从而助力财务人员圆满完成其职业使命。在企业实践中，构建财务共享服务中心是这一模式的核心体现，其目的在于整合并优化包括人力资源、资金等在内的各类资源。通过依托专业且系统的操作流程，该模式能够将原本复杂且烦琐的财务流程进行精简与程序化处理，进而精准对接企业在持续发展过程中的财务需求。

为确保财务共享服务中心能够持续保持其专业性与竞争力，企业通常会制定并实施一套系统化、长期性的培训计划。这些培训活动不仅涵盖前沿的财务理论知识，还包括财务软件操作技能等实用内容，旨在全面提升财务人员的业务素养与综合能力，使其能够更好地适应现代财务管理日益严苛的要求与挑战。

此外，财务共享服务中心的专业性还体现在其对财务风险的有效管控上。通过设立独立且专业的风险控制部门，该中心能够对企业经营业务中潜在的财务风险进行精准识别、及时预警与有效控制。这一举措不仅增强了企业对财务风险的抵御能力，还为企业的稳健运行提供了坚实的安全保障，彰显了财务共享模式在财务管理领域的专业优势与价值。

二、财务共享下的财务管理转型意义

（一）推动企业降本增效

传统财务管理模式常因资源分散、信息孤岛等弊端，导致管理效率低下，成本难以控制。而财务共享模式的兴起，为这一难题提供了有效的解决方案。该模式通过整合企业各部门及业务单元的财务资源，实现统一管理和优化配置，有效避免了资源的重复配置、闲置及浪费现象，显著降低了财务管理的各项成本[①]。

财务共享模式与信息技术的深度融合，不仅显著提升了财务管理的效率，还为企业降低了管理成本，带来了实质性的经济效益。通过精心构建财务共享平台，企业成功打破了长期存在的部门间信息壁垒和资源隔离状态，促进了内部各部门之间的协同合作与信息的高效流通，进而全面优化了企业的整体运营效率。

更为深远的是，财务共享模式为企业开辟了一条更加灵活、可持续的发展新路径。企业与外部专业服务机构的紧密合作，使得企业能够根据实际需求灵活选择所需服务，有效避免了固定成本的高额投入。这一模式的实施，不仅极大提高了资源的利用效率和灵活性，还显著降低了企业的运营成本，增强了企业的创新能力和市场竞争力。最终，有助于企业实现降本增效的战略目标，为企业的长远发展奠定坚实基础。

（二）加强内部资源共享

财务共享模式作为一种先进的财务管理范式，其核心在于深度整合企业内部各部门及业务单元的财务资源，实现资源的集中化与高效化配置。该模式有效打破了传统部门间的壁垒，促进了财务数据、信息及宝贵经验的全方位共享。这种跨部门、跨业务单元的紧密协同合作机制，不仅极大地提升了企业的整体运营效率和管理效能，更为企业的创新发展提供了强大的内在驱动力，确保了内部资源能够发挥最大的利用价值。

进一步而言，财务共享模式通过精细化地优化内部流程，并巧妙地将信息技术与自动化工具融入其中，成功推动了财务流程的标准化与智能化发

①王方. 财务共享在企业财务管理中的应用［J］. 中国集体经济，2023（16）：146.

展。这一变革不仅显著提高了财务工作的处理速度和准确性，更在企业文化层面深植了内部资源共享的核心理念，并构建起一套完备且高效的共享机制。在这一过程中，员工的合作精神与团队意识得到了显著增强，企业的凝聚力和创造力也随之攀升。这些积极变化为企业的长远发展奠定了坚实的基础，使企业在激烈的市场竞争中保持领先地位，实现持续稳健的发展。

（三）降低财务风险与合规风险

财务共享模式致力于构建统一的财务管理平台，并通过深度优化财务流程，实现财务数据的实时采集、高效处理以及精准分析。这一模式的实施，不仅大幅提升了财务报表的准确性与时效性，更为企业在降低财务风险与合规风险方面构筑了一道坚实的防线。在财务共享模式的框架下，企业着重建立健全的内控体系，以此作为加强财务风险与合规风险监控与管理的重要抓手。通过这一体系的完善，企业得以将风险水平降至最低，为稳健经营提供有力保障。同时，该模式积极倡导业财融合，推动财务部门与业务部门之间的紧密协作，共同构建起一套完备的风险管理机制。这一机制充分发挥了财务管理在风险防控中的核心作用，不仅增强了对财务风险与合规风险的识别与评估能力，还显著提升了企业对内外部环境变化所带来管理风险的适应与防范能力。综上所述，财务共享模式通过其独特的运作机制，为企业财务管理水平的提升和风险防控能力的增强提供了有力支撑。

此外，财务共享模式还高度重视系统化的人才培养工作。通过持续开展专业培训与教育活动，不仅提高了员工的综合素质与专业技能水平，更增强了员工对财务风险与合规风险的深刻认识。这使得员工在日常工作中能够更为敏锐地识别并预防各类风险，从而进一步降低了企业经营活动中的违法违规风险，为企业的稳健发展提供了有力保障。

第二节 财务共享服务中心的战略定位

财务共享服务中心（Financial Shared Service Center，FSSC）作为一种专业化的财务服务机构，其核心职能在于向外部客户提供高效的财务共享服务。对于集团企业而言，构建并运营财务共享服务中心不仅意味着财务组织架构与流程的深刻重塑，更标志着那些具有高度重复性、易于实现流程化与标准化的财务工作将被整合至该中心进行统一处理。此举对于提升财务日常工作的处理效率具有显著效果。当企业逐步发展成为跨地域的集团系统时，财务共享服务中心的价值愈发凸显。它使得财务部门能够在诸如采购、付款、订单管理、收款、项目管理、资金管理、预算编制以及财务报告等多个关键领域，充分发挥共享服务的优势。通过实现财务管理的规模经济效应，财务共享服务中心有助于企业大幅降低财务管理费用，进而提升整体的经济效益与竞争力。

一、财务共享服务中心的战略目标

在着手构建财务共享服务中心之初，企业必须从战略全局的高度出发，明确界定该中心的核心目标。值得注意的是，不同企业基于其独特的经营环境和战略导向，所设定的财务共享服务中心战略目标往往各具特色。即便对于同一企业而言，在财务共享服务中心建设的不同发展阶段，其战略目标也会随内外部环境的变化而相应调整。因此，企业应综合考虑自身的经营战略、业务特性、信息化程度以及外部市场环境等多重因素，科学制定并适时调整财务共享服务中心的战略目标，以确保其与企业整体发展战略的紧密契合与有效支撑。

一般来说，财务共享服务中心的战略目标包括以下三种。

（一）成本导向目标

当企业以成本导向为目标构建财务共享体系时，其核心目的在于优化财会工作流程，实现工作成本的显著降低。在此背景下，财务共享服务中心的角色定位被明确界定为成本管控的核心载体，其在业务范畴的界定、工作职责的划分、作业实施方式的选择以及日常运营的管理等各个环节，均严格遵循成本效益原则，确保每一分投入都能带来最大化的产出。

为实现这一目标，财务共享服务中心通常采取一系列策略，如制定统一的业务处理规则、推动业务系统的整合与升级、实施人员的集中管理等，以高效处理那些规模大、重复性强的标准化会计作业。此举措不仅有助于企业实现降本增效的短期目标，更在实践中不断探索创新的管理模式、工作方法以及技术手段，以持续优化工作流程，提升财会工作的整体效率与质量，为企业的长远发展奠定坚实的基础。

（二）内控导向目标

当企业以内控导向为目标时，其根本目的在于全面提升财务作业的质量，并进一步强化企业的内部控制机制。在此情境下，财务共享服务中心的角色定位凸显为内部控制的关键枢纽，其在业务范畴的选定、工作职责的明确、作业方式的实施以及日常运营的管理等多个维度，均将内部控制的有效性视为首要考量因素。

为实现这一内控目标，财务共享服务中心通常采取一系列精细化管理措施，如制定严格的业务处理规则、构建岗位间的相互牵制机制、实施管理权限的集中等，以确保在高效处理大规模业务的同时，能够全面加强对各项财务工作的管理与控制。这种管理模式不仅有助于企业有效管控风险，还能显著提升财务数据的质量与时效性。

值得注意的是，在内控导向下，投入产出比不再成为财务共享服务中心决策的首要依据。为满足内部控制的严格要求，即便某些业务在经济效益上可能并不符合投入产出比的最优化原则，财务共享服务中心仍会毅然开展。以阳光保险财务共享服务中心为例，为确保合并报表的质量与时效性，该中心在原有保险业务的基础上，不断将业务性质和流程截然不同的基建、物业、金融服务等子公司纳入服务范畴，从而实现了核算标准的统一与合并报表时效的显著提升。

此外，企业在实施内控导向的过程中，还会采取诸如上收管理权限、制定统一的规则制度、负责特定业务的预算编制监控及分析等举措，以进一步强化内部控制的效力。相较于成本导向目标，内部控制导向目标无疑是一种更为高级、更为全面的战略目标定位，它更能充分发挥财务共享服务中心的独特优势。然而，随着企业内部控制水平逐渐达到管理要求，企业也应适时转变策略，通过财务运营和流程的持续优化来降低运营成本，从而实现内控与成本之间的平衡与协调。

（三）服务导向目标

以服务导向为目标时，其根本宗旨在于全面提升服务质量，进而推动企业价值的最大化。在此理念下，财务共享服务中心的角色定位明确为服务提供者，其在业务范畴的界定、工作职责的设定、作业模式的选择以及日常运营的管理等各个方面，均将如何更好地服务于企业价值创造作为首要考量。

为实现这一服务目标，财务共享服务中心采取了一系列创新举措。一方面，通过整合标准化业务，如财务共享、人事共享、IT 共享、呼叫中心等，构建出一套高效协同的服务体系。这一体系运用通用的管理方法，充分发挥了成本优势和后援服务优势，为企业的各类业务提供了更加优质、高效的支持。另一方面，财务共享服务中心还致力于整合并加工企业内外部的各类经营决策相关信息。通过对这些信息的全面收集、系统整理与深度加工，为企业提供了更为精准、及时的决策依据，有力促进了企业价值的创造与提升。

以服务观为定位的财务共享服务中心，不仅为企业运营提供了坚实的支撑，更为企业管理层的决策提供了丰富的信息与数据支持。这种服务模式不仅提升了企业的运营效率，更在无形中增强了企业的竞争力，为企业的可持续发展奠定了坚实的基础。

二、财务共享服务中心的战略结构

战略架构作为财务共享服务中心的顶层设计与核心决策要素，对于其建设与发展具有举足轻重的意义。它从根本上决定了财务共享服务中心的建设方向、数量配置以及各中心之间的职责界定与服务范畴划分。在战略架构的规划与选择过程中，企业需综合考虑多重因素，以确保财务共享服务中心能够高效、有序地运行。

依据服务覆盖领域的差异，财务共享服务中心的战略架构主要可归纳为三种类型：全球中心、区域中心及专业中心。全球中心与区域中心主要依据地域维度进行划分，旨在实现跨地域的财务资源共享与协同管理。而专业中心则聚焦于特定的业务流程或业务类型，以专业化的服务提升财务处理效率与质量。这三种战略架构各有千秋，企业需根据自身业务特点与发展战略，灵活选择并适时调整，以最大化财务共享服务中心的效能与价值。

（一）全球中心

全球中心是将企业在全球范围内可集中的业务流程统一纳入一个财务共享服务中心进行处理。此模式的显著优势在于能够充分发挥规模经济效应，通过资源的集中配置与高效利用，实现成本的显著降低。然而，其构建与运营也面临着诸多挑战，如不同国家和地区的法律法规差异、语言障碍、文化差异以及时差问题等，这些都需要企业具备极高的管理水平与整合能力。因此，全球财务共享服务中心模式在实际应用中难度较大，往往只有少数具备强大实力与管理经验的企业能够成功实施，如惠而浦（Whirlpool）与中兴通信等。中兴通讯在西安设立财务共享服务中心，该中心为全球 100 多个国家和地区的分支机构及子公司提供全方位的财务服务，展现了全球中心模式的巨大潜力。

（二）区域中心

区域中心是将企业全球的财务业务划分为若干个区域，并在每个区域内设立财务共享服务中心，以集中处理该区域内的可集中业务流程。这种方式既能够较好地实现规模经济，降低企业整体成本，又能够较好地应对地域差异带来的挑战。因此，区域中心模式受到了众多企业的青睐，如通用电气（GE）、壳牌（Shell）以及华为等，它们在全球范围内建立了多个区域财务共享服务中心，以实现财务资源的高效配置与利用。

（三）专业中心

专业中心主要是以单个或单类业务流程为基准，在全球范围内设立专门的财务共享服务中心。这种模式的核心在于消除重复劳动，提供专业化、精细化的单一或单类流程服务。例如，专门处理应付账款或固定资产的财务共享服务中心等。壳牌的格拉斯哥中心便是专业中心模式的一个典型代表，该中心仅承担集中报销业务，为壳牌全球各业务单元提供高效、专业的财务服务。

对于非跨国公司而言，以地域为划分标准建立全国中心或地区中心是一种更为可行的选择。企业可以先在某一地区建立财务共享服务中心进行试点，待试点成功后再将经验复制到全国范围，进而形成全国性的财务共享服务中心。未来，随着企业国际化进程的加速，还可以考虑进一步建立区域中心乃至全球中心，以实现财务资源的全球化配置与高效利用。

第三节　财务共享服务中心的流程再造

一、财务共享服务中心流程再造的内容与原则

（一）流程再造的基本内容

财务共享服务中心的建设过程就是企业财务流程再造的过程。在财务共享模式实施之前，企业的财务活动，如核算、结算及报账等，往往分散于各业务单元之中，各自为政，流程标准、效率及风险管理规范均存在显著差异。为构建高效、统一的财务共享服务中心，企业必须对各业务单元的现有财务流程进行系统性调整，实现简单事务性会计核算工作的集中化，上收财务权限，精简分支机构财务人员，并最终形成一套标准化、适用于所有业务单元的财务业务流程体系。

（二）流程再造应遵循的原则

为建立财务共享服务中心而进行的财务流程再造，必须遵循以下原则。

第一，以战略为指导原则。财务共享服务中心的流程再造，必须立足于企业战略的高度进行规划与实施。这一变革的根本驱动力在于适应企业长期可持续发展的战略需求，而非仅仅是对现有流程的简单修正。缺乏明确的战略指导，流程再造将难以彻底、深入地推进，甚至可能偏离既定的目标方向。因此，企业应将流程再造视为实现战略目标的重要手段，确保再造工作与企业的长期发展规划紧密相连。

第二，以流程为中心原则。在财务共享服务中心的流程再造中，必须实现从以职能部门和分工为中心向以流程为中心的根本转变。传统模式下，企业往往过于关注职能部门的划分与职责的界定，而忽视了流程的整体性与连贯性。这往往导致流程再造过程中偏离初衷，无法达到预期效果。因此，企业应坚持以流程为中心，对现有流程进行全面梳理与优化，确保再造后的流程更加高效、顺畅。

第三，以人为本原则。财务共享服务中心的流程再造应充分体现人本主义思想。传统的劳动分工模式将员工限制在特定的职能部门内，限制了其潜能的发挥。而流程再造则要求在设计流程时，充分考虑员工的个人能力与需求，激发其积极性与创造力。同时，强调流程之间的协同与合作，使流程成为连接员工、促进团队合作的重要纽带。通过人本主义原则的贯彻，可以确保再造后的流程更加人性化、高效化。

第四，客户价值导向原则。这里的客户既包括内部客户（如各业务单元、管理层等），也包括外部客户（如供应商、合作伙伴等）。企业的根本使命在于满足市场需求，为客户提供价值增值。因此，在流程再造过程中，必须打破传统组织结构的职能与部门界限，分离出独立且创造价值的财务流程。通过重新构建基于客户需求导向的经济活动体系，确保再造后的流程能够更好地服务于客户，提升企业的市场竞争力与可持续发展能力。

二、财务共享服务中心流程再造的步骤

财务共享服务中心的流程再造，主要包括如下几个步骤：财务流程分析、财务流程的优化及重新设计、试点与转换和持续改进。

（一）财务流程分析

财务流程分析的核心旨在于，通过严谨且系统的分析手段，识别并筛选出那些适宜或有必要整合至财务共享服务中心的财务流程。此过程不仅是提升财务管理效率与质量的关键步骤，更是推动企业财务转型与升级的重要基石。通常而言，那些能够被纳入财务共享服务中心进行处理的财务业务，往往呈现出以下几个显著特征。

首先，这些业务通常具有业务量大、发生频次高以及高度相似性的特点。以员工报销和应收应付账款处理为例，这类业务在日常财务活动中占据较大比重，且其处理流程相对固定，重复性高，因此非常适合通过财务共享服务中心进行集中处理，以实现规模经济效应和效率提升。

其次，那些在各业务单位间普遍存在共性的业务，也是财务共享服务中心的重点关注对象。诸如会计月结年结、总账核算以及各类标准报表的编制等，这些业务虽然在不同业务单位中可能涉及的具体数据有所差异，但其处理逻辑和流程却具有高度的一致性，因此非常适合通过财务共享服务中心进行统一管理和处理。

再次，能够专业化、标准化的业务同样是财务共享服务中心的重要组成部分。以各公司的会计核算和单体、合并报表的编制为例，这类业务不仅要求高度的专业性和准确性，而且其处理流程也相对成熟和稳定，非常适合通过财务共享服务中心进行专业化、标准化的处理，以提升财务信息的准确性和可比性。

最后，那些能够支撑集团公司层面对业务单位进行财务管控的标准制定工作，也是财务共享服务中心不可或缺的一部分。如会计核算标准的制定等，这类工作不仅关乎企业财务信息的准确性和一致性，更是企业实现财务管控和风险管理的重要保障。通过财务共享服务中心的统一管理和协调，可以确保这些标准的制定和实施更加科学、合理和有效，从而为企业的发展提供有力的财务支撑。

总体而言，可纳入财务共享服务中心的内容如表 6-1 所示。

表 6-1 可纳入财务共享服务中心的内容

财务核算	财务结算	其他财务职能	衍生财务职能
（1）总账管理	（1）资金支付	（1）归档管理	（1）财务人员绩效考核
（2）应收应付	（2）资金收款	（2）体系建设	（2）客服中心
（3）费用报销	（3）银行对账	（3）应用支持	（3）自助服务

续表

财务核算	财务结算	其他财务职能	衍生财务职能
（4）工程核算		（4）风险预警	（4）财务任务管理
（5）资产核算			（5）电子化凭证
（6）生产成本			（6）条码/二维码
（7）物资核算			（7）信用管理
（8）其他核算			
（9）内部交易抵销			
（10）月结/年结			

（二）财务流程的优化及再设计

财务流程的优化与再设计，是在深入剖析现有流程的基础之上，对财务流程进行系统性革新与重塑的过程。其终极目标在于实现业务流程的全面规范化与标准化，以达成以下核心标准。

首先，处理环节操作的严格规范化。这要求我们必须为每个财务处理环节制定详尽的操作标准与手册，确保每一项工作都有明确的规范可循。通过推行标准化作业模式，我们可以显著提升财务工作的质量与效率。以票据管理为例，从票据的范围界定、审核流程、流转机制到归档管理，以及会计核算、会计报告编报、统计信息发布等各个环节，均需实现全面的规范化与标准化。同时，还应制定诸如财务报账管理办法等规章制度，对财务共享服务中心的职责范围、报账程序、审批权限、财务会计档案管理以及分行报账工作考核办法等进行明确界定，以确保各项财务工作均能在严格的规范框架内有序进行。

其次，客户需求的响应机制也需实现规范化。这要求我们建立起一套完整的客户需求受理、分析、风险评估、项目立项、系统开发、任务分解、跟踪以及项目验收的标准化管理流程，以显著提升对客户需求的响应速度与服务水平。

最后，业务流程及信息系统的变更流程同样需实现规范化管理。在系统与业务流程的变更过程中，我们应遵循效益与成本原则，科学制定变更方案，并全面评估交接过程中的潜在风险。同时，还应加强验收测试环节，确保在交接过程中公司的各项业务能够平稳运行。此外，我们还应建立完善的变更记录制度，为持续改善工作提供有力支撑，确保财务流程的优化与再设计工作能够持续、稳步推进。

（三）试点与转换

财务共享服务中心的流程再造，其首要前提是确保新旧流程能够“并行运行”。尽管这一做法可能会给组织带来短期的不便与资源消耗，但相较于通过试点所积累的宝贵经验与深刻教训而言，试点的实施显得尤为必要。在试点阶段，组建一支高素质的组织团队，并深刻理解新流程的核心要义，是确保试点工作高效推进的关键。试点结束后，需在整个组织层面规划出清晰的转换顺序，分阶段、有步骤地引入新流程。

在此过程中，转换顺序的合理安排至关重要，以避免给组织带来不必要的动荡，从而确保日常工作的平稳运行。同时，员工的再培训工作也需同步跟进，确保每位员工都能充分理解并适应新流程。此外，向员工清晰阐述整个转换计划，增强他们的认知与认同，也是不可或缺的一环。在此过程中，高层管理者的全力支持同样举足轻重。他们需投入更多精力，为转换工作的顺利推进提供有力保障，确保财务共享服务中心的流程再造能够取得圆满成功。

（四）不断推进持续改进

由于企业业务范畴的不断扩张、组织架构的动态调整以及战略目标的适时转变，流程管理不再是一次性的任务，而是演变成了一个需要持续进行的动态过程。为了确保流程能够始终与企业的发展需求保持同步，必须构建起一套自我优化与完善的机制。这一机制的核心在于实现流程的持续评估、精准改进与全面提升，从而确保公司能够在成本控制、战略实施以及合规性管理等方面达到既定目标，有效规避因流程变动而引发的财务共享服务质量下滑风险。

财务共享服务中心业务流程的持续改进工作，既可以通过对细节的精细打磨来实现，也可以通过流程再造这一更为彻底的变革方式来推进。然而，无论选择何种路径，持续改进的目标都必须紧紧围绕企业的整体战略、成本控制、效率提升以及合规性要求来展开。

此外，持续改进对财务共享服务中心，尤其是其管理团队提出了更为严苛的要求。管理者不仅需要熟练掌握流程改进与变革的专业技能，更需具备持续改进的强烈意识、敏锐的洞察能力以及坚定不移的信念，以推动各项改革措施的有效落地。因此，财务共享服务中心必须精心组建一支具备这些素质的管理团队，以确保持续改进工作的持续推进与取得实效。

第四节　财务共享服务中心的运营与改进

一、财务共享服务中心的运营模式

企业在构建财务共享服务中心时，必须结合自身的经营状况、组织结构特性以及信息化发展水平等关键因素，来确定最适合的运营模式。从组织发展的阶段性视角出发，财务共享服务中心的运营模式可以细分为以下五种类型。

（一）基本模式

这一模式通常适用于财务共享服务中心的初创期。在此阶段，企业为了强化集中管控、降低运营成本并提升工作效率，会倾向于将各分支机构的典型财务工作，如总账管理、应付账款处理、应收账款管理以及固定资产核算

等，统一集中至财务共享服务中心进行处理。此模式下的财务共享服务中心，其关注点主要集中在选址策略、人员配置优化以及最优工作量标准的设定等方面，以确保服务的高效与规范。

（二）市场模式

随着财务共享服务中心的逐步发展，市场模式应运而生。该模式实现了运作权与决策权的分离，使得财务共享服务中心成为一个相对独立的经营实体。在享有基本运作自主权的同时，财务共享服务中心需遵循总部制定的相关政策，并接受总部的监督与管理。此时，集团内部的分支机构不再被动接受服务，而是可以根据自身需求选择是否接受财务共享服务中心提供的服务。这一转变促使财务共享服务中心不仅要提供基础的业务服务，还需拓展至更专业的咨询服务领域，不断提升服务质量，确保按照既定的服务流程与标准为客户提供优质服务。同时，财务共享服务中心开始通过服务收费来抵偿运营成本，这一模式在我国企业中得到了广泛应用。

（三）高级市场模式

作为市场模式的进一步升级，高级市场模式引入了竞争机制，其核心目标在于为客户提供超越竞争对手的优质服务。在此模式下，企业内部各机构的客户拥有更大的选择权与自主权。由于市场上存在众多可替代的系统软件服务商，财务共享服务中心在收费标准上更加灵活，通常根据市场价格或成本加成原则来设定费用。然而，由于高级市场模式对财务共享服务中心的服务质量、竞争力以及市场敏锐度提出了更高要求，因此在我国的应用尚不普遍，主要集中于一些实力雄厚、规模庞大的大型企业集团中。这些企业集团通过采用高级市场模式，不仅提升了财务管理的效率与水平，还进一步增强了企业的整体竞争力。

（四）独立经营模式

独立经营模式，作为财务共享服务中心发展的高级阶段，展现出了其独特的市场定位与服务策略。在这一模式下，财务共享服务中心不仅服务于企业内部客户，还积极拓展外部市场，与各类咨询机构和服务供应商展开激烈竞争。为了保持市场竞争力，中心必须不断提升专业技能，丰富咨询服务内容，以满足客户多样化的需求。此时，盈利成为中心的主要目标，服务收费遵循市场价格机制，从而使其转变为一个能够持续创造价值的利润中心。

独立经营模式下的财务共享服务中心，拥有高度的自主性和独立性。它们通过不断创新服务产品，优化服务流程，以扩大市场份额，提升客户满意度。这种运营模式在国外跨国企业和咨询公司中较为常见，而在我国企业集团中尚属少数。这反映了我国企业在财务管理转型方面的保守态度，也预示着未来有独立经营模式的财务共享服务中心在我国有巨大的发展空间。

（五）面向未来的财务众包模式

借助于“互联网＋”和互联网思维、技术，财务业务也可以在逻辑上保持集中，而在物理上则可以实现分散处理。这意味着，财务共享服务中心的管理不再受限于地域，员工可以在不同地点协同完成同一项财务任务。

2016 年，阳光保险推出的“阳光财务众包平台”，正是财务众包模式的一次成功实践。该平台将会计作业拆解为微小的任务单元，并利用互联网平台进行任务发布与招募。互联网用户可以根据自身能力和兴趣抢单，并随时完成处理。阳光保险因此成为首家将财务众包模式应用于会计事项处理的企业，为“互联网＋会计”的共享经济模式开辟了新的道路。

从操作层面看，财务共享服务中心的业务标准化和互联网技术的成熟，为财务众包模式的实施提供了有力支持。然而，对于视财务为企业核心机密的企业而言，安全性问题仍是其选择该模式时的重要考量。如何在保障数据

安全的前提下，充分利用财务众包模式的优势，将是未来财务管理研究和实践中的重要课题。

二、财务共享服务中心的运营优化目标

财务共享服务中心作为现代企业财务管理的重要载体，其运营优化目标紧密围绕服务与价值创造展开，旨在通过深度整合财务核算流程、业务流程与信息系统，构建一套规范、统一且信息精准的管理体系，为公司的经营决策提供坚实支撑。具体而言，这一优化过程旨在实现以下三大核心目标。

首先，优化服务流程，提升服务质量与效率。针对业务流程的烦琐与低效问题，财务共享服务中心需对现有流程进行全面梳理与优化，通过引入先进的信息化平台，实现业务流程的规范化、标准化与集约化管理。借助一次性处理和实时共享机制，确保财务与业务信息的同步更新与准确传递。同时，建立批量、自动化的标准化工作流程，将关键控制点嵌入各环节，最大限度减少人为干预，从而显著提升服务效率与客户满意度。

其次，拓展价值增值服务，助力公司核心业务发展。在夯实基础交易处理服务的基础上，财务共享服务中心应逐步将运营重心转向价值增值服务领域。这包括提供更精准的财务报告、提升流程自动化水平、缩短核算链条等，以更好地服务于公司战略目标的实现。通过深入挖掘财务数据背后的价值，为管理层提供更为丰富、有价值的决策依据，使其能够腾出更多精力专注于战略分析与决策制定。

最后，强化决策支持功能，提供全方位、多维度的财务信息。在财务共享服务模式下，核算与管理工作的有效分离为管理会计的职能发挥提供了广阔空间。通过专业化分工，管理会计能够更高效地调配资源，依托财务共享服务中心提供的海量基础数据，提炼出涵盖多个维度、全面反映公司运营状

况的财务信息。这些信息将为公司的经营决策提供有力支撑，助力管理层在复杂多变的市场环境中做出更加明智的决策。

三、财务共享中心服务运营的改进与优化

财务共享服务中心作为一种创新的财务管理模式，其在推广过程中必然会对传统的组织结构和管理理念产生冲击，引发一系列变革。为了确保这一新型模式能够平稳过渡并持续高效运营，我们必须从多个维度出发，对服务运营进行全面改进与优化。

（一）强化信息技术支撑，提升系统智能化与集成化水平

在财务共享服务中心的初创阶段，企业必须持续且显著地加大对信息化资源的投入力度。这一举措旨在显著提升信息系统的实际利用率及其操作效率，从而充分发挥信息技术在推动财务管理转型中的关键作用。进一步地，完善系统功能模块成为提升信息处理能力的重要一环。这要求企业着力打通信息传输的各个环节，有效消除数据壁垒，以实现数据的全面汇聚与高效共享。在此基础上，提高数据更新的效率显得尤为迫切，它直接关系到决策层能否获取到及时、准确的信息支持。为实现系统的灵活性与可扩展性，构建模块化系统成为一种有效策略。通过模块化设计，企业能够迅速响应内外部需求的变化，仅通过局部调整即可满足新的管理要求。此外，针对特定业务领域，如科研资源核算，开发专门的系统模块不仅能够显著提升智能化处理水平，还有助于降低技术实现的难度与成本，从而为企业带来更为显著的效益。

（二）基于标准化操作流程，实施业务流程优化与再造

标准化操作流程是确保财务共享服务中心高效运作的基石。它通过将重复性的业务活动以标准、统一的操作步骤和要求进行规范描述，为日常工作

提供了明确的指导。在财务共享服务中心的运营过程中，我们应基于标准化操作流程对现有流程进行全面梳理与优化。这包括将原本界限不清、操作方法各异、权限模糊的作业流程进行记录、归纳和总结，形成文字化表述的文件，以便员工遵循。同时，我们还应根据科研单位的特殊业务需求，实行既统一又灵活的操作流程。在确保每项业务从始至终都处于严密的可控制范围内的同时，也要满足属地单位对某类业务的个性化需求，从而保证共享工作的可靠性和完整性。

此外，从集团公司的角度来看，业务场景费用项目的细分程度越高，未来进行归口统计时就越加方便。然而，在具体到科研单位时，财务共享服务中心应与属地单位进行充分沟通，结合实际工作涉及的范围和需求，酌情考虑合并或关闭某些费用明细分类。通过对某些费用使用的明细进行标准化处理，我们可以有效减少报销人在使用财务共享服务系统时的困惑和错误，降低三方之间的沟通成本和时间成本。这种既统一又灵活的业务流程优化策略，不仅能够提高财务共享服务中心的运营效率和服务质量，还能为企业的战略决策提供更为精准、全面的财务支持。

（三）运用六西格玛 DMAIC 模型，深入挖掘问题根源并实施精准改进

六西格玛，作为一种以零缺陷为终极追求的全面质量管理理念，其应用范围已远远超出制造业，深入渗透到服务领域，成为提升服务型企业客户满意度和运营效能的关键手段。在财务共享服务中心的管理实践中，引入六西格玛的 DMAIC（定义、测量、分析、改进、控制）改进法，对于精准识别并解决存在的问题具有重大意义。

针对责权划分不明确这一具体问题，我们首先需通过定义阶段，明确问题的具体表现和对业务的影响；其次在测量阶段，通过数据收集和分析，量化问题的严重性和普遍性。进入分析阶段，财务共享服务中心应派遣专业人员深入属地，进行实地考察和深度访谈，结合数据分析结果，挖掘出问题的

根本原因，如沟通机制不畅、制度设计缺陷等。在改进阶段，需基于问题根源，制定针对性的解决方案，如通过细化责任制度、优化沟通流程、强化系统支撑等措施，明确双方责任，确保问题得到有效解决。最后，在控制阶段，建立长效监督机制，如实施不定期审查、建立问题反馈机制等，确保改进措施能够持续发挥作用，防止问题复发。

（四）重视员工成长与福祉，实施企业“暖心计划”以激发潜能

在财务共享服务中心的运营体系中，系统、流程与人才是三大核心要素。尽管在系统和流程的优化上已投入大量资源，但不可忽视的是，财务服务的本质在于人的参与和传递。因此，关注员工的培养与发展，对于提升财务共享服务中心的整体效能至关重要。

为营造更加和谐、积极的工作环境，企业应实施一系列“暖心计划”，从人文关怀入手，增强员工的归属感和忠诚度。一方面，针对财务共享服务中心工作强度大、时长长的特点，企业可探索灵活办公模式，如弹性工作时间、远程办公等，以增加工作的灵活性和便利性，减轻员工的工作压力。另一方面，重视员工的职业成长和技能提升，根据岗位特性和个人发展需求，实施差异化管理和个性化绩效激励，同时增加员工培训预算，鼓励员工参加专业培训和继续教育，不断提升自身的专业素养和综合能力。通过这些暖心举措，不仅能够激发员工的内在潜能和工作热情，还能为财务共享服务中心的持续发展和创新提供强大的人才支撑。

参考文献

一、著作类

［1］陈虎，孙彦丛. 财务共享服务［M］. 2 版. 北京：中国财政经济出版社，2018.

［2］陈宣君. 财务管理［M］. 成都：西南交通大学出版社，2019.

［3］黎精明，兰飞，石友蓉. 财务战略管理［M］. 北京：经济管理出版社，2014.

［4］李永梅，张艳红，韦德洪. 财务预测学［M］. 北京：国防工业出版社，2009.

［5］李勇胜. 财务管理［M］. 成都：四川大学出版社，2016.

［6］孙玥璠，孙彦丛. 财务共享服务教程［M］. 北京：经济科学出版社，2021.

［7］田高良. 财务共享理论与实务［M］. 北京：高等教育出版社，2020.

［8］万霞. 财务管理［M］. 北京：机械工业出版社，2016.

［9］韦德洪. 财务决策学［M］. 北京：国防工业出版社，2015.

［10］邹娅玲，肖梅崚. 财务管理［M］. 重庆：重庆大学出版社，2021.

二、期刊类

［1］郭峰. 数字化转型下的企业财务风险管理创新策略研究［J］. 中国市场，2024（27）：151-154.

［2］ 敦艳蕾. 财务共享模式下财务管理职能的定位转型［J］. 中国总会计师，2024（8）：78-80.

［3］ 李素丽. 财务风险管理及防范对策研究［J］. 中国集体经济，2024（24）：149-152.

［4］ 李中山. 财务共享在企业财务管理中的应用研究［J］. 财会学习，2024（22）：43-45.

［5］ 胡晓丽. 财务共享下的企业财务管理创新策略研究［J］. 中国集体经济，2024（22）：173-176.

［6］ 张萌. 财务共享模式下企业财务管理效能提升［J］. 纳税，2024，18（20）：100-102.

［7］ 闫峻. 人工智能技术加持下企业财务管理的创新路径［J］. 老字号品牌营销，2024（13）：171-173.

［8］ 谭红旭，张嘉欣. 对数据资产入表问题的思考［J］. 财会月刊，2024，45（11）：68-73.

［9］ 王华. 应用大数据技术提升企业财务管理水平［J］. 中国商界，2024（5）：222-223.

［10］ 李慧慧. 企业财务共享模式下财务管理效能的提升路径探讨［J］. 中国农业会计，2024，34（8）：30-32.

［11］ 兰岚，王岩，郎佩佩，等. 企业数据资产入表路径研究［J］. 新型工业化，2024，14（4）：45-53.

［12］ 徐攀，李杰义. 企业数据资产入表路径：框架与实践［J］. 财会月刊，2024，45（7）：58-62.

［13］ 冷冬署. 企业筹资管理的必然性和要求探析构建［J］. 财讯，2023（19）：52-54.

［14］ 张文芳. 企业营运资金管理相关问题探讨［J］. 环渤海经济瞭望，2023（7）：96-99.

[15] 王方. 财务共享在企业财务管理中的应用 [J]. 中国集体经济，2023（16）：145-148.

[16] 袁文茜. 对财务共享服务中心运营与改进的研究 [J]. 产业创新研究，2023（5）：169-171.

[17] 刘玮璐. 大数据技术在企业财务管理中的应用探析 [J]. 全国流通经济，2022（35）：48-51.

[18] 宋书洋. 财务共享服务体系在企业财务管理中的运用分析 [J]. 财会学习，2022（15）：14-16.

[19] 辛梦婕. 试论云计算技术在财务管理中的应用 [J]. 信息记录材料，2021，22（2）：114-115.

[20] 孙亚兰，马忠民. 数字化转型下的企业财务风险管理创新策略研究 [J]. 现代商业，2021（2）：181-183.

[21] 严秀锋. 财务管理中的云计算技术应用现状及趋势分析 [J]. 当代会计，2020（19）：82-83.

[22] 胡晶博. 企业财务管理中大数据技术的应用研究 [J]. 商讯，2020（10）：34-35.

[23] 卢曰礼. 财务共享模式下财务管理职能的定位转型探讨 [J]. 财会学习，2020（4）：51-52.

[24] 王晔. 企业财务预算管理的有效运用分析及阐述 [J]. 纳税，2020，14（2）：101-103.

[25] 李倩. 企业财务预算管理的有效运用分析及阐述 [J]. 现代商业，2019（28）：116-117.

[26] 肖俊飞. 关于企业财务风险管理弊端及防范对策分析 [J]. 智库时代，2019（22）：37-38.

[27] 鲍海建. 企业财务风险预警机制的构建分析 [J]. 商场现代化，2018（22）：154-155.

［28］王超. 新时期企业项目投资管理研究［J］. 中国市场，2018（33）：94-97.

［29］张守军. 浅析企业财务风险预警机制的构建［J］. 发展，2012（11）：80-94.

［30］陈国艳. 人工智能技术加持下企业财务管理的创新［J］. 中国集体经济，2024（26）：6-10.

［31］马玲. 企业营运资金管理相关问题探讨［J］. 财政监督，2014（29）：12-13.